홈베이킹 달인 슬픈하품과 밍킹의 달콤한 카페 탐험

서울 스위트 여행

이지혜·민경랑 지음

상상출판

Prologue

가로수길에서 만난 예쁜 케이크, 홍대 앞에서 맛본 머리가 띵할 만큼 달달한 초콜릿 디저트, 서래마을에서 알록달록한 마카롱을 구입해 길거리에서 까먹는 재미…. 스위트 여행은 발걸음을 옮길 때마다 새롭고 달콤한 즐거움을 안겨줍니다. 케이크를 굽는 매장에서 느껴지는 생동감, 갓 나온 따끈따끈한 빵에서 풍기는 구수한 냄새, 카카오의 진한 향과 깊은 풍미 등을 눈으로 보고, 귀로 듣고, 입으로 음미하면서 서울의 맛있고 멋있는 곳을 찾아다녔답니다. 여유로운 시간을 보내며 맛보았던 스위트들은 누구도 부럽지 않을 만큼의 만족감을 안겨주며 저를 줄곧 행복하게 해주었습니다.

서울에는 혼자서 느끼고 즐기기에는 너무나 아까운 케이크숍, 건강을 생각하는 빵집, 초콜릿과 쿠키를 판매하는 숍, 차를 마실 수 있는 티룸과 카페, 예쁜 소품으로 가득한 매장이 곳곳에 숨어 있답니다. 그곳으로 저희와 함께 스위트 여행을 떠나보는 것은 어떨까요?

2011년 11월
슬픈하품 이지혜

생활수준이 향상되고 외식산업이 발달하면서 디저트 문화도 빠르게 변화하고 있습니다. 디저트는 기념일에 사 먹는 케이크가 전부라고 여기던 시절은 이미 옛날이 되어버렸습니다. 식사 이상으로 중요해지고 다양화되고 있는 것이 바로 디저트 문화입니다.

소규모로 운영되는 롤케이크 전문점이나 유기농 건강빵만을 판매하는 빵집, 와플·컵케이크·타르트 전문점 등 디저트도 이제는 전문점이 주목 받고 있습니다. 높아진 고객 수준에 맞게 전문적이 되고 세분화되고 있는 것입니다.

서울의 다양한 스위트숍을 취재하면서 느낀 것은 이들 숍이 정말로 많은 노력들을 기울이고 있다는 점입니다. 외국의 기술자를 초청하거나 정기적으로 세미나를 개최하고, 해외연수를 다녀오고 신제품 개발에 지속적으로 힘쓰는 등 소비자의 수준에 발맞추기 위해 끊임없이 연구하고 투자하는 모습이 인상적이었습니다. 건강한 재료로 몸에 좋은 빵을 맛있게 만들기 위한 윈도우 베이커리들의 사연들이 훈훈했습니다.

『서울 스위트 여행』에서는 서울 구석구석에 숨어 있는 알짜배기 스위트숍들을 소개하고 있습니다. 그들이 들려주는 이야기를 들으며 특별한 스위트들과 함께 달콤한 추억을 만들어보는 게 어떨까요?

2011년 11월
밍킹 민경랑

Contents

프롤로그 • 010
선물하기 좋은 스위트 • 016
스위트와 어울리는 드링크 메뉴 • 018
분위기 좋은 스위트숍 • 020

Part 1
행복한 케이크와 함께

다양한 캐러멜을 맛볼 수 있는 곳 **마망갸또** • 024
Interview ⇨ 마망갸또 피윤정 오너셰프 • 028
라이브 디저트 카페 **비 스윗 온** • 030
프랑스 케이크가 생각나는 프랑스풍 디저트 카페 **듀자미** • 036
제철과일 풍부한 타르트 전문점 **아벡누** • 040
장미향 디저트를 맛볼 수 있는 **아몬디에** • 044
뉴욕의 맛과 멋 **패이야드** • 048
생크림처럼 달콤하고 딸기처럼 상큼한 **피오니** • 052
동화 속 케이크 전문 카페 **스노브** • 056
깜찍한 컵케이크와 소품이 가득 **쇼트케이크** • 060
뉴욕의 맛으로 여심을 잡는 **로얄 컵케이크** • 064
건강한 베이커리와 브런치를 맛보다 **로즈베이커리** • 068
Recipe ⇨ 아벡누 스타일의 고구마 타르트 만들기 • 072
Recipe ⇨ 로얄 컵케이크의 레드 벨벳 컵케이크 만들기 • 074

Part 2
건강하고 맛있는 빵과 함께

맛있는 건강빵이 있는 숨은 빵집 **카페 드 하이몬드** • 078
Interview ⇨ 카페 드 하이몬드 총괄 기술상무 홍상기 셰프 • 082
빈티지한 프랑스를 느낄 수 있는 **퍼블리크** • 084
일본 스타일의 빵이 가득 **도쿄빵야** • 088
따끈따끈한 샌드위치가 있는 곳 **부첼라** • 094
아빠가 만들어주는 빵 **뺑 드 빱바** • 098
명동에서 만나는 일본 웰빙 도너츠 **하라도너츠** • 102
매력적인 빵 뷔페 **테이크 어반** • 106
프랑스식 베이커리 **폴 앤 폴리나** • 110
오감을 자극하는 슬로우푸드 빵집 **브레드 05** • 114
빵을 연구하는 카페형 베이커리 **브레드 랩** • 118
과거로의 회귀를 꿈꾸는 식사빵 **레트로 오븐** • 122
서울에서 즐기는 프랑스 정통 빵집 **기욤** • 126
Recipe ⇨ 도쿄빵야의 말차 멜론빵 만들기 • 132
Recipe ⇨ 크로크무슈와 크로크마담 만들기 • 134

Part 3
작고 귀여운 쿠키과 초콜릿

홍대의 작은 프랑스 **르 쁘띠 푸** • 138
죽전의 숨은 맛집 **시오코나** • 144

진하고 풍부한 카카오를 음미하는 곳 **에이미 초코** · 148
Interview ⇨ 에이미 초코 조미애 오너셰프 · 152
프랑스 전통 과자 까늘레가 있는 곳 **오뗄두스** · 154
유러피언 라이프스타일 카페 **아티제** · 158
리얼 초콜릿이 있는 곳 **카카오 봄** · 162
질 좋은 초콜릿으로 만드는 초코 디저트 **가또 에 마미** · 166
깊고 진한 초콜릿 케이크 **몹시** · 170
내 입안의 작은 사치 **팔레트 서울** · 174
초콜릿에 관한 모든 것 **쥬빌리 쇼콜라띠에** · 178
Recipe ⇨ 오뗄두스의 보르도 까늘레 만들기 · 182
Recipe ⇨ 시오코나 쿠키처럼 작고 귀여운 티 쿠키 만들기 · 184

Part 4
따뜻한 차와 함께

전통 떡과 커피가 잘 어울리는 떡 카페 **희동아 엄마다** · 188
Interview ⇨ 희동아 엄마다 떡 카페 김희동 오너셰프 · 192
오후의 홍차 **디 애프터눈** · 196
질 좋은 커피를 합리적인 가격에 맛보는 **클럽 에스프레소** · 200
건강한 음료들을 만나볼 수 있는 곳 **카페 오시정** · 204
차와 함께 한옥에서 쉬어가는 공간 **아름다운 차 박물관** · 208
사계절 맛있는 팥빙수를 맛볼 수 있는 곳 **담장 옆에 국화꽃** · 212
미술관 안 디저트 **카페 이마** · 216

영국식 티타임을 즐길 수 있는 곳 **페코티룸** ◦ 220
팥빙수의 최고봉 **밀탑** ◦ 224
여행을 떠나요 **호호미욜** ◦ 228
조용하게 가정식 디저트를 맛볼 수 있는 곳 **마마스 키친** ◦ 232
달지 않은 케이크와 일본식 스위트가 가득 **씨 포 케이크 부티크** ◦ 236
Recipe ⇨ 페코티룸의 로열 밀크티 만들기 ◦ 240
Recipe ⇨ 페코티룸의 티·아포가토 만들기 ◦ 242

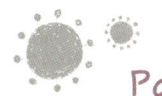
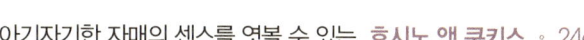

Part 5
사랑스러운 소품과 함께

아기자기한 자매의 센스를 엿볼 수 있는 **호시노 앤 쿠키스** ◦ 246
Interview ⇨ 호시노 앤 쿠키스 호시노 오너 ◦ 250
스웨디시 커피 브레이크 **피카** ◦ 252
빈티지한 소품이 가득한 곳 **5층 아파트** ◦ 256
일본보다 더 많은 일본 소품이 있는 곳 **소품샵 카렐** ◦ 260
빈티지한 북유럽 식기들과 소소한 일상을 나눌 수 있는 곳 **데미타스** ◦ 264
추억 속 공책이 있는 곳 **스프링 컴 레인 폴** ◦ 268
향수를 불러 일으키는 디자인 문구류와 소품 숍 **밀리미터밀리그람** ◦ 272
홈베이킹에 필요한 도구와 재료를 구입할 수 있는 곳 **방산시장 베이커리 골목** ◦ 276
Recipe ⇨ 5층 아파트 스타일의 슈가박스 만들기 ◦ 280
Recipe ⇨ 호시노 앤 쿠키스의 키친클로스 만들기 ◦ 282

선물하기 좋은 스위트

▼ 롤케이크

비스퀴에 여러 가지 크림을 바른 후 동그랗게 말아준 케이크다. 비스퀴의 질감이나 들어간 크림에 따라 종류가 다양하다. 다양한 과일을 넣은 '후르츠 롤케이크', 녹차를 넣어 맛이 깔끔한 '녹차 롤케이크', 크리스마스 때 먹는다는 통나무 모양의 '부쉬 드 노엘' 등등. 폭신폭신한 식감이나 달콤한 미감을 잘 살려낸 독창적인 디자인의 롤케이크는 누구에게나 선물하기 좋다.

▲ 마카롱

마카롱이란 아몬드가루, 설탕, 달걀흰자를 사용해 만든 프랑스 과자다. 사이에 크림을 넣어 만드는데, 마카롱의 이름과 성격을 결정 짓는 것은 이 크림이다. 아기자기한 모양과 달콤한 맛으로 여성들이 특히 좋아하는 스위트.

▼ 생과일 생크림 케이크

시럽을 가득 머금은 촉촉한 제누아즈 사이에 들어가 있는 과일이 달콤하고, 버터크림에 비해 맛이 신선하고 깔끔하다. 누구에게나 환영 받는 아이템.

▲ 마들렌, 휘낭시에(구움과자)

버터향이 가득한 구움과자류는 커피나 홍차 등 차와 같이 먹기 좋은 제품이다. 다른 제품에 비해 유통기한이 긴 편이므로 오랫동안 두고 먹을 수 있다. 기성품을 사서 선물하는 것도 좋지만, 직접 구워 정성을 가득 담아 선물한다면 기쁨이 배가 될 것이다.

▼ **컵케이크**

미국에서 작은 도자기 컵에 케이크 반죽을 담아 구워냈던 것이 컵케이크의 시초라고 한다. 주로 많은 사람이 모이는 결혼식이나 생일파티에서 각자 먹기 좋도록 작게 구워졌다. 다채로운 컬러 프로스팅의 컵케이크를 선물해 골라 먹는 재미도 함께 선물해보자.

▶ **에끌레르**

달콤함의 결정체 '에끌레르'는 프랑스어로 번개라는 뜻이다. 길게 짠 슈 반죽 안에 커스터드크림을 충전하고 그 위를 퐁당으로 마무리했다. 최근 디저트 마니아들에게 마카롱과 더불어 핫 아이템으로 자리 잡고 있다.

▶ **슈크림**

모양이 양배추와 같아 슈(양배추)라는 이름이 생겼다. 파트 아슈라는 슈 반죽 안쪽에 커스터드크림을 충전한 것으로 사계절 인기 있는 아이템이다.

▼ **초콜릿**

건강에 좋고 집중력을 향상시키며 두뇌회전에 좋다는 초콜릿의 여러 효능이 알려지면서 더욱 사랑받는 아이템이다. 카카오버터 100%의 엄선된 초콜릿만을 사용한 수제 초콜릿을 선물해보자. 굳이 밸런타인데이가 아니더라도 반짝반짝 빛나는 수공예 초콜릿으로 사랑의 메시지를 전할 수 있다.

▲ **타르트**

쿠키 반죽을 접시 모양으로 구운 뒤 크림이나 과일을 채우는 것으로, 안의 내용물에 따라 맛과 모양이 달라진다. 제철과일을 가득 올리거나, 단호박 타르트, 몽블랑 타르트 등 종류가 다양하다. 처음엔 예쁜 모양에, 그 다음에는 색다른 맛에 반한다.

스위트와 어울리는 드링크 메뉴

▲
에스프레소
커피의 원액이라고 할 수 있는 아주 진한 커피. 보통 순간적으로 나오는 뜨거운 스팀을 이용해 추출하는데 그 양이 25~30ml 정도밖에 되지 않는다. 전용 에스프레소 잔이 따로 있을 정도. 케이크를 먹을 때 드링크 메뉴로 배를 채우고 싶지 않다면 에스프레소와 함께하는 것도 좋다. 케이크를 맛본 뒤에 남은 입안의 달콤함을 에스프레소 한 샷으로 깔끔하게 가시게 할 수 있다.

▶
아메리카노
에스프레소에 뜨거운 물을 채워 만드는 드링크 메뉴. 뜨겁게 즐길 수 있고 시원한 아이스로도 즐길 수 있다. 케이크와 같은 '달다구리'를 맛볼 때에 함께하는 음료로 가장 무난하다.

▼ 카페라떼
카푸치노만큼 우유거품이 풍성하지는 않지만 실키한 느낌의 고운 스팀으로 만든 우유거품을 에스프레소와 섞는다. 우유가 많이 들어가기 때문에 카푸치노보다 목넘김이 훨씬 부드럽다. 따뜻하고 고소해서 달콤한 스위트와 잘 어울린다.

▲ 카푸치노
이탈리아에서 태어난 카푸치노, 따뜻한 우유 거품을 풍성하게 올려서 에스프레소와 섞어 만든다. 윗면에 풍성하게 올려진 거품 위로 시나몬파우더(계피가루)가 솔솔 뿌려져 나온다. 달콤한 스위트류와 함께 맛볼 때는 설탕이나 시럽을 섞지 않는 게 좋다.

▼ 홍차

블랙티라고도 한다. 녹차와는 달리 찻잎을 발효, 건조하여 만든다. 찻잎이 발효되는 과정에서 효소가 작용하여 차의 맛과 색, 향이 결정된다. 케이크와 가장 잘 어울리는 드링크 메뉴를 꼽으라면 개인적으로 단맛이 가미되지 않은 스트레이트 홍차를 꼽는다.

▲ 차이라떼

홍차에 스파이시(정향, 계피 등) 종류를 섞어 톡 쏘는 향이 매력적이다. 홍차와 같이 스트레이트로 우려 마셔도 좋지만 스파이시의 강한 향이 있어서 밀크티로 마셔도 좋다. 카페 등에서는 차이라떼나 차이밀크티라는 이름으로 판매한다. 카페마다 주문했을 때 설탕이나 시럽이 미리 섞여 나오는 경우도 있으니 주문 전에 미리 확인하자.

▼ 쇼콜라쇼

진한 초콜릿을 듬뿍 넣어 우유와 섞어 끓인 드링크 메뉴. 초콜릿의 카카오 함량이 어느 정도인지에 따라 단맛의 정도도 달라진다. 카카오 함량이 높은 초콜릿을 사용해야 많이 달지 않고 스위트류와 맛보기에 무리가 없다. 달콤한 밀크초콜릿 같은 재료로 만드는 쇼콜라쇼는 너무 달아서 스위트류와 함께하기엔 알맞지 않다.

▲ 밀크티

홍차를 조금은 색다르게 맛볼 수 있는 메뉴. 진하게 홍차를 우린 뒤 살짝 데운 우유를 섞어 마시는데 취향에 따라 설탕을 넣기도 한다. 아무래도 스위트와 함께 즐기기에는 설탕을 섞지 않은 게 좋다. 우유에 우려내는 로열 밀크티도 있는데 일반적인 밀크티보다 우유가 더 많이 사용된다.

슬픈하품이 추천하는 분위기 좋은 스위트숍

▼ **듀자미(가로수길)**
가로수길 안쪽 골목에 위치한 듀자미는 입구가 개방형으로 되어 있어서 봄이나 여름철이면 시원하게 열린 공간에서 차와 케이크를 즐길 수 있다. 프랑스풍 케이크를 늘 만들어내는 주인장과 매장 내 프랑스풍 소품들 덕분에 프랑스에 온 기분이다.

▲ **마망갸또(홍대점)**
마망갸또 홍대점은 대로변이 아닌 골목에 자리하고 있어 한적하고 여유롭게 시간을 보내기에 좋은 장소다. 매장 내 창가 테이블에 앉아 있으면 따사로운 햇살이 듬뿍 들어오는데, 가을이나 겨울철에 따뜻한 차 한 잔과 캐러멜 케이크를 즐기다 보면 시간 가는 줄 모른다. 연인과 달콤한 눈빛을 교환하며 캐러멜 케이크를 나누기 좋다.

▼ **로즈베이커리(이태원)**
버터나 달걀이 들어가지 않는 비건 케이크를 판매하고 있어 건강을 생각하는 사람이라면 들러볼 만하다. 요즘 한창 뜨고 있는 꼼데가르송 건물에 자리하고 있어서 매장 분위기 또한 무척이나 세련된 느낌이다.

▲ **희동아 엄마다(삼청동)**
삼청동의 주택가 골목 사이 한옥을 개조하여 만든 매장이다. 집에서 쉬는 것 같은 아늑함과 편안함을 제공한다. 마음이 맞는 친구들과 찾아가 수다를 나누며 떡과 커피를 마시기에 아주 좋다.

▲ **블룸 앤 구떼(가로수길)**
꽃과 초록의 식물들이 가득한 곳이다. 차와 케이크를 맛보며 꽃 향기를 맡을 수 있어 심신이 편안해진다. 마음에 드는 꽃다발이 있다면 즉석에서 구입할 수 있다.

밍깅이 추천하는 분위기 좋은 스위트숍

▲ **비 스윗 온(홍대)**
카페 전체를 흰색과 하늘색과 갈색 계열로 꾸미며 아늑하고 안락한 분위기를 연출한다. 큰 창으로 따뜻한 햇볕이 들고 사람들이 지나다니는 거리 풍경이 한눈에 내려다보인다.

▼ **스노브(홍대)**
2층 가정집을 개조한 카페는 크림색 벽면과 검은색 철재로 꾸며 심플하다. 매장에 들어서면 심플한 내부에 아기자기한 소품들이 시선을 끈다. 2층 카페에는 큰 창문들이 시원하게 나 있어 홍대 거리를 내려다보며 휴식하기에 그만이다.

▲ **하라도너츠(명동)**
순수한 인상의 하얀색 건물에 벽면을 장식한 초록색 아이비가 마음을 설레게 한다. 복잡한 명동 한복판에서 순간이동하여 일본에 온 듯한 느낌이다. 2층 카페 공간으로 올라가면 일본풍으로 꾸민 아담한 실내가 펼쳐진다.

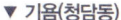

▼ **기욤(청담동)**
이국적인 느낌을 주는 핑크색 외관이 지나가는 사람들의 발길을 붙잡는다. 실내는 외관과 달리 붉은 벽돌과 나무 바닥재 등 내추럴한 소재로 장식해서 편안한 분위기다. 매장 한쪽의 화덕오븐에서 역사 있는 프랑스 빵집의 푸근함이 느껴진다. 기욤은 프랑스 빵과 디저트뿐 아니라 브런치를 즐길 수 있는 베이커리 카페다. 매장 앞에 테라스 자리가 있어 날씨 좋은 날은 실외에서 브런치 타임을 즐길 수 있다.

▲ **아티제(강남)**
롯폰기힐스의 레스토랑과 애플스토어 그리고 뉴욕현대미술관 MoMA의 인테리어 제작에도 참여한 칸지 우에키가 인테리어를 담당했다. 밝고 세련된 실내에 자연적이고 부드러운 느낌의 의자와 테이블이 놓여 있다. 벽면은 일종의 캔버스이자 아티제의 '창'으로, 경연미 일러스트레이터의 작품이 걸려 있다. 인테리어와 이국적인 일러스트 등이 마치 유럽의 어느 카페에 와 있는 듯한 착각이 들게 한다.

Part 1
행복한 케이크와 함께

다양한 캐러멜을 맛볼 수 있는 곳 | **마망갸또** | 라이브 디저트 카페 | **비 스윗 온** | 프랑스 케이크가 생각나는 프랑스풍 디저트 카페 | **듀자미** | 제철 과일 풍부한 타르트 전문점 | **아뻭누** | 장미향 디저트를 맛볼 수 있는 | **아몬디에** | 뉴욕의 맛과 멋 | **패이야드** | 생크림처럼 달콤하고 딸기처럼 상큼한 | **피오니** | 동화 속 케이크 전문 카페 | **스노브** | 깜찍한 컵케이크와 소품이 가득 | **쇼트케이크** | 뉴욕의 맛으로 여심을 잡는 | **로얄 컵케이크** | 건강한 베이커리와 브런치를 맛보다 | **로즈베이커리** |

Maman Gateau

다양한 캐러멜을 맛볼 수 있는 곳
마망갸또

마망갸또는 엄마가 만들어주는 과자라는 뜻의 프랑스 말로, 맘스컬러쿠키에서 만든 캐러멜 전문 디저트 카페다. 국내에서는 어떤 한 가지 컨셉으로 운영되는 디저트 카페가 드물기 때문에 마망갸또가 캐러멜이라는 조금은 독특한 컨셉으로 카페를 오픈할 당시 정말 신선한 충격이었다. 마망갸또 오너셰프와는 오래전부터 알고 지내는 사이인데, 처음 이 컨셉을 정했다고 들었을 때 국내에도 이런 컨셉 카페가 생긴다는 점이 반가운 한편으로 놀라웠었다. 이렇게 한 가지 컨셉으로 디저트 카페를 운영하는 것이 큰 모험이었지만 대중들의 입에 맞는 다양한 제품 개발과 부단한 노력으로 이제는 마망갸또 1호점에 이어 2호점, 조만간 3호점도 오픈할 계획이라고 한다.

캐러멜 컨셉의 카페답게 부드러운 생캐러멜과 캐러멜을 사용한 롤케이크, 캐러멜 아포가토, 캐러멜 치즈케이크 등등 다른 카페들과는 달리 다양한 캐러멜 제품들을 즐길 수 있다. 캐러멜이 달다는 고정관념을 깨뜨린 마망갸또의 캐러멜 제품들은 집에서 만든 것처럼 담백하면서도 진한 캐러멜 맛이 풍부하게 느껴진다. 그리고 늘 캐러멜을 활용한 새로운 제품을 연구 개발하고 있기 때문에 신제품이 나올 때면 어떤 맛일지 기대가 된다.

처음 마망갸또는 엄마가 만드는 수제쿠키로 잘 알려진 맘스컬러쿠키로 시작하였다. 쿠키 하나에서부터 엄마의 마음으로 좋은 재료와 정성을 담아 만들었는데, 그

연장선상의 마망갸또 역시 주인장의 정성을 그대로 느낄 수 있다. 내가 홈베이킹을 시작하게 된 계기가, 일반적인 제과점에서는 과자나 케이크를 만들 때에 우유버터가 아닌 마가린을 사용하는 등 재료에 그다지 신경 쓰지 않기 때문이었다. 좋은 재료로 직접 만들어 건강하게 먹기 위해 시작하게 된 것이다. 마망갸또에서는 이런 홈베이커들의 마음으로 기본이 되는 버터에서부터 유기농 설탕과 유기농 밀가루와 같은 최고급 재료를 사용하는 핸드메이드 제품을 선보이고 있다.

신사동 가로수길 매장에서는 홈베이커들이나 전문 비즈니스반 등을 위해 다양한 베이킹클래스를 운영하고 있다. 홍대점에서도 작은 규모로 베이킹 클래스를 운영하고 있긴 하지만 신사동 마망갸또보다는 규모가 작다. 대신 홍대 쪽은 카페 위주의 매장이므로 느긋하게 디저트를 즐기기에 안성맞춤이다. 홍대 마망갸또는 아늑

마망갸또 홍대점
주소 서울시 마포구 서교동 395-113 1층
전화 02-3141-9664
영업시간 12:00~23:00
휴일 연중무휴
교통 2호선 합정역 3번 출구에서 100m 직진하여 르노삼성자동차를 끼고 우회전 후 300m 직진하여 막다른 골목에서 좌회전
홈페이지 www.mamangt.com

한 주택가 골목에 위치해 있어 조용하고 여유로운 느낌이 묻어나는 곳. 주인장이 손수 발품을 팔아 꾸민 작은 소품들과 작업하는 모습이 담긴 사진 액자들에서 마망갸또 주인장의 손길을 간접적으로나마 느껴볼 수 있다.

생캐러멜 퐁당 쇼콜라 5500원
마망갸또의 주메뉴인 생캐러멜 하나가 통째로 들어가 있다. 즉석에서 구워져 나오는 디저트이기 때문에 다소 시간이 걸리지만 따끈하게 호호 불어가며 먹는 재미가 있어 한겨울이 되면 자주 생각나는 메뉴다.

캐러멜 롤케이크 5000원
가로수길에 마망갸또 1호점을 처음 오픈할 당시부터 늘 판매 베스트 순위에 올라 있는 캐러멜 롤케이크. 보는 것과 달리 단맛을 최대한으로 줄여 먹기에 부담이 없다. 달지 않음에도 진한 캐러멜의 향과 풍미가 잘 전달된다.

생캐러멜 빙수 12000원(여름 한정)
마망갸또의 캐러멜 빙수는 팥 대신 캐러멜이 빙수 맛을 책임진다. 고소한 견과류와 시원한 얼음, 캐러멜이 조화롭다. 산처럼 높게 쌓여 나오는 캐러멜 얼음과 캐러멜 수제 아이스크림을 조금씩 아슬아슬하게 퍼 먹는 것도 재미.

검은깨 타르트 5500원

파트브리제를 사용한 바삭바삭한 타르트지에 부드러운 시트, 고소한 검은깨를 듬뿍 넣은 크렘 파티시에르와 검은깨 치즈크림을 여러 층으로 쌓은 고소한 검은깨 타르트. 단맛을 최대한으로 줄여 집에서 직접 만들어 먹는 것 같은 담백하고도 고소한 맛이 일품이다.

시트론 진저에이드 8000원
직접 담근 생강청으로 시원하게 만든 시트론 진저에이드. 개인적으로 생강향이 진하고 달콤하게 잘 우러난 경우에 높은 점수를 주는데 마망갸또의 진저에이드는 생강향이 정말 진하게 우러난다.

생(生)캐러멜 10개 8000원

입안에 넣으면 사르르 녹는 프레쉬 캐러멜은 순수 우유버터와 순 우유 생크림을 사용해 만든다고 한다. 딱딱해서 이에 들러붙는 캐러멜을 생각한다면 큰 오산. 시오 캐러멜, 라즈베리 캐러멜, 콩가루 캐러멜 등 여러 가지 다양한 맛으로 만들어 판매하고 있다.

마망갸또 피윤정 오너셰프 인터뷰

"아이를 위하는 엄마의 마음으로 언제나 정성을 다합니다"

캐러멜 전문 매장으로 신사동 가로수길과 홍대에서 이름을 알리고 있는 마망갸또의 피윤정 오너쉐프를 만나보았다. 그녀가 '엄마의 과자(마망갸또)'라는 이름을 내걸고 담아내려는 그 '엄마의 정성과 마음'이 어떻게 지금과 같은 매장으로 뿌리내릴 수 있었는지 궁금하다.

이 분야를 직업으로 삼게 된 계기는 무엇인가요?

처음에는 취미로 시작한 일이었는데 시간이 지날수록 제 생활의 전부가 되어가기 시작했습니다. 물론 힘들고 고된 작업이었지만 즐거웠어요. 그래서 즐기면서 하는 일보다 좋은 일은 없을 거라는 생각에 용기를 내어 시작했습니다. 물론 즐긴다고 해서 언제나 일이 잘 풀리는 것은 아니지요. 오랜 노력으로 얻은 자신감이 사업을 시작하는 데 힘이 되었습니다.

이 일을 하면서 가장 보람되거나 기억에 남는 일이 있다면 무엇인가요?

이 일을 시작한 초창기에 아직 노하우가 부족한 상태에서 맡은 L 백화점의 발렌타인 이벤트 행사가 기억납니다. 경험이 부족한 상태에서 수제쿠키를 몇만 개씩 만들어 낸다는 것은 정말 큰 도전이었습니다. 열악한 작업환경 속에서 2주에 걸쳐서

모든 직원이 쉴 새 없이 노력한 끝에 배송을 맞출 수 있었지요. 그 2주 동안에는 잠을 제대로 자질 못했어요. 자기 전에 배송 날짜를 잘 맞출 수 있을까 하는 걱정 때문에 편히 잠들 수가 없었지요. 지금 생각해보면 분명히 쉬운 방법이 있었을텐데 그 당시는 몰랐기 때문에 고생할 수밖에 없었습니다. 하지만 큰 일을 해낸 경험이 자신감을 주었기에 저에게는 소중한 시간입니다.

마망갸또에서 가장 추천하는 메뉴는?

⇨ 캐러멜 전문점이므로 역시 캐러멜이 베이스가 되는 제품입니다. 특히 캐러멜 빙수는 시중에서 쉽게 맛볼 수 없는 독특한 매력이 있는 베스트 메뉴입니다.

향후 매장 운영 계획을 알려주세요.

⇨ 연말에 신사동 매장을 지금과 조금 떨어진 곳으로 이전할 계획입니다. 베이킹 스튜디오도 넓게 확장하고 슈가, 제빵, 브런치, 음료 클래스를 추가하여 새로운 커리큘럼으로 진행할 예정입니다. 새롭게 오픈하는 디저트 카페와 베이킹 스튜디오에서 지금보다 더 다양한 캐러멜 라인의 제품과 즉석 디저트를 드실 수 있을 겁니다.

Be Sweet On

라이브 디저트 카페
비 스윗 온

라이브 디저트 카페란? 미리 만들어 놓은 디저트를 판매하는 게 아니라 주문을 받으면 바로 즉석에서 만드는 메뉴들을 취급하는 곳을 말한다. 동경제과 양과자 본과 출신의 파티시에가 직접 만드는 라이브 디저트 카페 비 스윗 온.

이곳은 그 인기를 증명하듯이 반지하 숍에서 바로 앞 2층 매장으로 확장 이전했다. 문을 열고 들어가면 하늘색 인테리어가 한눈에 들어온다. 카페 전체가 흰색과 하늘색, 갈색 계열의 컬러를 주색으로 눈을 편안하게 하는 컬러로 꾸며져 있어 아늑하고 안락한 분위기를 연출한다. 심플하지만 세심하게 꾸며진 이곳은 한 면 전체에 책이 가득 놓여 있고 예쁜 소품들이 구석구석을 장식하고 있다. 전체적으로 비 스윗 온 디저트의 깔끔한 맛처럼 군더더기 없이 꾸몄다. 매장은 창가 쪽의 흡연석과 안쪽의 금연석으로 나뉘어 있다. 흡연석이 따로 마련되어 있어 쾌적하며, 큰 창으로 따뜻한 햇살이 쏟아지고 사람들이 지나다니는 거리 풍경이 한눈에 들어온다. 더불어 매장에서 사용하는 접시며 찻잔 같은 소품도 하나같이 다 예쁘다. 접시들은 영국의 도자기 회사 웨지우드의 제품이 많이 보였는데, 지금은 단종된 재스퍼 라인이나 투박한 맛의 사라퍼 가든 등이 그것이다. 직접 만들었다는 메뉴판엔 친절하게 메뉴별 사진과 함께 재료와 맛에 대한 설명이 상세히 쓰여 있어서 대충 그 맛을 그려볼 수 있다.

주문한 디저트가 서브되기 시작한다.

대표메뉴는 약 한 개 반의 사과가 들어가는 타르트 타탕. 주문한 뒤 20~25분이 소요되는데, 디저트의 담음새가 예쁘다. 제대로 된 접시 디저트를 보여주는 디저트 카페는 아직 이곳뿐인 듯하다. 바삭한 페이스트리, 크렘 파티시에르(슈크림), 잘 조려낸 사과 그리고 바닐라빈을 넣은 수제 아이스크림까지. 이 4박자가 환상의 조합을 이룬다. 정성의 집합체라고나 할까?

계절메뉴로는 녹차 빙수가 있다. 빙수와 롤케이크, 찹쌀경단 3가지 디저트가 한 세트로 구성된 메뉴. 빙수의 얼음은 일본의 눈꽃 빙수기를 사용해 만드는데 빨리 녹지 않고 빙질이 훌륭하다. 직접 조려냈다는 팥은 적당히 달고 부드럽다. 위에 올려진 아이스크림은 인공색소를 넣은 것이 아닌 수제 녹차 아이스크림으로, 조직을 부드럽게 하기 위해 적당히 공기가 주입되어 있다. 일본 말차를 이용한 말차 소스

를 끼얹어 먹으면 맛이 좋다. 녹차롤은 촉촉하고 부드러운 시트 안에 고소한 생크림이 말려 있고, 직접 만들었다는 찹쌀경단도 쫄깃하고 맛있다. 이 세트메뉴는 두 명이서 먹으면 배부를 만큼 양이 많다.

보통 디저트가 강세면 음료가 약하기 마련인데, 이곳은 음료까지도 충실하다. 홍차 리스트도 좋고, 에이드류가 괜찮다. 특히 레모네이드가 맛있는데 오렌지 필을 넣어 만든 수제 레몬 셔벗이 입안을 상큼하게 정돈시켜준다.

좋은 재료를 사용해 제품을 만드는 것을 원칙으로 삼고 있다는 비 스윗 온! 메뉴의 가짓수가 많진 않지만 기본기가 충실한 디저트집임에 틀림없다. 맛의 차이는 작은 부분에서 나온다는 생각을 갖고 있는 나는 세심하게 신경 쓰는 이곳이 참 맘에 들었다. 신선한 재료와 최상의 손맛, 편안하고 친절한 서비스가 만난 비 스윗 온. 새로운 제품들을 업그레이드함으로써 국내의 척박한 디저트 문화에 다채로움을 선사하고

비 스윗 온
주소 서울시 마포구 서교동 339-3 새봄빌딩 2층
전화 02-323-2370
영업시간 2:00~23:00
휴일 연중무휴
교통 지하철 2호선 홍대입구역 8번 출구에서
      홍대 방향으로 500m

있다.
한동안 기운 없이 지내다가 엉켜 있는 기를 풀고 원기회복해야 한다며 친구와 함께 이곳을 방문했는데 비 스윗 온의 맛있는 케이크를 먹고 불끈 힘이 솟았다. 디저트 마니아들의 행렬이 끊임없이 이어지고 수많은 카페가 생겨나고 없어지는 홍대에서 오랜 시간 동안 사람들에게 달콤한 추억을 만들어주는 공간이 되길 기대한다.

타르트 타땅 9800원
이곳의 대표 메뉴. 페이스트리, 사과조림, 사과칩, 바닐라빈이 들어간 수제 아이스크림의 조합이 좋다. 은은한 달콤함으로 입맛을 사로잡아 한번 먹어본 사람들은 꼭 다시 찾는다는 매력적인 제품이다. 얇은 종이처럼 떨어지는 페이스트리를 꼭 맛보자.

티라머수 5800원
향긋한 커피향 100%. 이탈리아산 마스카르포네 치즈를 사용한 부드러운 맛이 매력적이다. 비스퀴에 커피시럽을 충분히 발라 촉촉한 식감을 더하고 커피의 향긋함을 살렸다.

에이드 6300원
비 스윗 온의 레모네이드는 상큼한 레몬 음료에 오렌지 필이 들어간 레몬 셔벗이 포인트다. 몸이 피곤하거나 기운 없을 때 이곳의 레모네이드를 먹으며 하루를 마감한다면 활력 충전 100%가 된다.

녹차 빙수 1만 6800원(계절메뉴)
빙수와 롤케이크, 찹쌀경단 3가지가 한 세트로 구성된 디저트. 두 명이서 먹으면 배부를 만큼 양이 많다.

Deux Amis

프랑스 케이크가 생각나는 프랑스풍 디저트 카페
듀자미

듀자미(Deux Amis)는 프랑스어로 '두 친구'라는 뜻이라고 한다. 두 친구처럼 부부가 다정하게 운영하고 있는 가로수길의 아늑한 프랑스풍 디저트 카페다.

처음 듀자미의 주인장이신 오너셰프 마리님을 알게 된 것은 이 카페에서가 아닌 블로그를 통해서였다. 베이킹에 관한 소소한 일상을 포스팅하시던 마리님이 이 듀자미라는 카페를 오픈하셨을 당시 어찌나 부러웠던지…. 베이킹을 하는 사람이라면 누구나 꿈꿔오던 일이어서 더 부러웠던 것일지도 모르겠다.

처음 카페에 들러 보았을 때 남편분은 따뜻한 커피를 추출하고 계셨고 마리님께서는 케이크와 마카롱을 만들고 계셨다. 알콩달콩 달콤하게 카페를 운영하는 모습도 보기 좋았지만 편안한 분위기로 만들어주는 마리님의 친절에 감동을 받았다.

듀자미는 가로수길에 있긴 하지만 메인 거리가 아닌 안쪽 길목에 자리 잡고 있어서 조용히 차를 마시기에 부담 없고 편한 공간이다. 1층 카페이기 때문에 노천카페 분위기가 나는 입구 쪽 테이블에 앉아도 좋고 내추럴한 나무 테이블과 의자가 놓인 안쪽에 자리하는 것도 나쁘지 않다.

이곳 듀자미 카페에서 주문하는 모든 디저트 메뉴는 최상의 맛을 내기 위하여 케이크에 프랑스산 바로나 초콜릿을 사용한다. 또한 이탈리아산 마스카르포네 치즈와 순수 우유버터인 앵커버터를 사용하여 디저트를 만들어내고 있다. 커피뿐 아니라

 듀자미
주소 서울시 강남구 신사동 535-9
전화 02-3443-0030
영업시간 12:30~23:00, 주말 13:30~
휴일 연중무휴
교통 3호선 신사역 8번 출구에서 도보 5~8분 정도.
　　　가로수길 메인 거리의 네스카페 뒤쪽 골목에 위치.
블로그 blog.naver.com/sweetbaking

홍차 역시 좋다. 프랑스 홍차 브랜드인 마리아쥬 프레르를 만나볼 수 있어 더욱 반가운 곳.

이곳 듀자미에서는 여러 가지 사랑스러운 케이크와 타르트 외에도 달콤한 마카롱을 맛볼 수 있다. 거의 모든 케이크를 주문하면 꼭 작은 마카롱이 한 개씩은 딸려 나온다. 또한 마카롱을 맛보는 데서 그치는 것이 아니라 카페 안쪽에 마련된 베이킹 클래스룸에서 만드는 법도 배울 수 있다. 전문가 클래스를 따로 운영할 정도로 듀자미의 마카롱 클래스는 베이킹을 하는 사람들 사이에서 꽤 유명하다. 프랑스를 너무나 사랑하는 오너셰프의 마카롱과 케이크 만드는 모습은 상상만으로도 행복에 젖어들게 한다. 물론 그 케이크와 마카롱을 맛볼 때의 행복도 빼놓을 수 없겠다.

카페 구석구석에는 프랑스 느낌의 소품들이 카페를 채워주고 있고, 많지 않은 테이블이지만 늘 손님이 끊이지 않는다. 계절이 바뀔 때마다 조금씩 달라지는 계절 한정 케이크를 맛보러 듀자미에 들러보자.

딸기 한가득 7500원
바삭한 타르트지 윗면에 부드러운 크림과 제철과일인 딸기를 듬뿍 올린 딸기 한가득 케이크. 타르트 이름도 탐스러운 딸기만큼이나 사랑스럽다.

아이스 말차 젠자이 케이크 9000원
진한 말차가루를 사용한 부드러운 시트 위에 달콤한 단팥과 시원한 말차 아이스크림을 얹었다. 달콤함과 시원함을 함께 맛볼 수 있다.

캐러멜 소금 케이크 6500원
프랑스 발로나 코코아가루로 만든 부드럽고 진한 시트에 쌉싸름한 초콜릿 무스, 달콤한 캐러멜 무스가 들어간 케이크.

avec nous

제철과일 풍부한 타르트 전문점
아벡누

타르트, 파이, 초콜릿, 롤케이크 등 각종 전문점이 날로 인기를 끌고 있다. 그중 서교동에 있는 아벡누는 복잡한 대학가 상권에서 한발 물러나 조용한 주택가에 자리한 타르트 전문점이다. 아벡누(avec nous)는 우리와 함께(with us)란 뜻으로, 예전 1층 매장에서 채광이 좋은 2층 매장으로 이전한 후에도 3년간 오직 타르트로 성업 중인 곳이다. 타르트는 프랑스의 대표적인 디저트 중 하나로, 접시 모양의 틀에 파트 브리제나 파트 쉬크레 같은 반죽을 구워 크림을 채우거나 과일 등을 올린 것이다. 블루톤의 건물에 노란색 차양이 멀리서도 눈에 띈다. 2층으로 난 작은 계단을 올라 유리문을 밀고 들어서면 유리에 그려진 강렬한 컬러의 거베라 꽃이 눈에 띈다. 그리고 바로 내추럴한 느낌의 원목테이블과 의자가 눈앞에 펼쳐진다.

이곳은 타르트를 구워내는 주방이 통유리로 되어 있어 과정이 훤히 들여다보이는 오픈키친이다. 타르트를 만드는 셰프의 손놀림이 분주하다. 예전 아벡누가 실내를 콘크리트와 스틸로 마감해 차가우면서도 도시적인 느낌이 강했다면 이전한 아벡누는 내추럴한 느낌의 바닥, 원목테이블, 따뜻한 조명이 포근하면서 아늑한 느낌을 준다. 게다가 한쪽 벽면 전체가 여름이면 활짝 열리는 테라스로 되어 있고 또 한쪽면은 시원한 통유리로 마감되어 있어 2층에서 내려다보이는 탁 트인 시야가 시원한 느낌을 준다. 테이블 간격이 좁지 않아 만석이더라도 옆 테이블과의 간격이 유지되

아벡누
주소 서울 특별시 마포구 서교동 395-134
전화 02-324-1118
영업시간 12:00~익일 01:00
휴일 명절
교통 합정역 3번 출구에서 나와 르노삼성자동차 건물에서 우회전 50m

어 쾌적하다.

매장 분위기와 위치는 바뀌었지만 변하지 않은 게 있으니 바로 아벡누의 타르트들이다. 프랑스 르 꼬르동 블루 출신의 파티시에가 선보이는 타르트와 커피를 맛볼 수 있다. 제철과일을 넣은 과일 타르트부터 견과류를 주재료로 쓴 타르트 등 풍부한 맛이 어우러진 제품들이 준비되어 있다.

인기메뉴는 블루베리가 가득 들어간 블루베리 요거트 타르트. 진한 크림치즈와 새콤한 블루베리의 어울림이 좋다. 시나몬 쇼콜라 타르트는 바삭한 타르트지와 초콜릿 바나나퓌레, 시나몬 무스의 어울림이 좋다. 그밖에 베리류가 듬뿍 올라간 4가지 붉은 과일 타르트, 이탈리안 머랭이 멋스러운 사과 치즈 수플레 등이 인기 있다. 그 옆에 인테리어 효과도 톡톡히 해내고 있는 이탈리아 일렉트라(Elektra) 커피머신이 보인다. 이곳의 커피는 이탈리아 브랜드 브리스토(bristo)를 사용하고 일렉트라 머신으로 추출하기 때문에 커피의 맛이 한결 깊고 그윽하다. 음료 메뉴는 단출하지만 정성스러운 타르트와 음악을 즐기면서 책을 읽거나 좋아하는 사람들과 대화하기에 참 괜찮은 공간이다.

아벡누에서는 엄선된 재료와 도구를 이용하여 타르트를 직접 만들어보는 쿠킹클래스를 진행하고 있다. 취미로 배우는 홈베이킹에서부터 창업을 준비하는 이들까지 폭넓게 배울 수 있다. 아벡누 스타일이 궁금하다면 도전해보길.

시나몬 쇼콜라 타르트 6300원
바삭한 타르트지에 초콜릿 바나나퓌레, 그 위에 시나몬 무스가 가득 올라가 있는 것으로 바나나와 초콜릿의 어울림이 좋다.

블루베리 요거트 타르트 6500원
필라델피아 크림치즈와 덴마크 요거트로 만든 치즈케이크 안에 블루베리가 가득 들어가 있다. 진한 크림치즈의 맛과 새콤한 블루베리의 맛을 동시에 느낄 수 있다.

장미향 디저트를 맛볼 수 있는
아몬디에

인사동과 가까운 안국에 위치한 아몬디에는 꽤 크고 널찍한 매장 덕분에 그곳을 지나가게 되면 한 번쯤 눈을 돌려 쳐다보지 않을 수 없는 곳이다. 아몬디에(Amandier)라는 말은 아몬드 나무라는 프랑스어로, 매일같이 신선하고 좋은 재료로 제품을 만들어 손님에게 제공하겠다는 의미가 담겨 있다고 한다.

이곳 아몬디에를 대표하는 셰프는 루벤 장 아드리안(Ruben Jan Adriaan)이다. 벨기에 출신으로 네덜란드 국적을 가진 그는 싱가포르 호텔 만다린 오리엔탈, 프랑스를 대표하는 파티스리 브랜드 중 하나인 피에르 에르메, 벨기에 초콜릿으로 유명한 피에르 마르콜리니 등의 유명한 곳에서 일했던 화려한 경력을 지닌 꽤 능력 있는 셰프라고 한다. 그래서인지 아몬디에의 케이크 쇼케이스와 초콜릿, 마카롱 쇼케이스를 보고 있으면 이곳이 정말 서울의 인사동 건너편인가 싶을 정도로 프랑스풍의 화려한 색감과 아름다운 자태의 스위트한 먹거리들에 놀라게 된다. 특히나 오전 중에 들르면 쇼케이스가 속속 채워지는 과정을 볼 수 있는데, 갓 만들어져 나오는 신선한 케이크들을 보고 있노라면 먹지 않아도 배가 부르고 보는 것만으로도 행복해진다. 그뿐만 아니라 매장 한쪽에 여러 가지 빵 종류들도 갖추고 있어 선택의 폭이 넓어 다양한 손님층이 찾는다. 치아바타에서부터 바게트, 크루아상 등 빵 종류 역시 풍성함을 제대로 갖추고 있다.

 **아몬디에**
주소 서울시 종로구 안국동 175-3 안국빌딩 신관 1층
전화 02-736-9651
영업시간 7:30~22:00
휴일 연중무휴
교통 3호선 안국역 1번 출구에서 오른쪽으로 나가면 도보 1분
홈페이지 www.amandier.co.kr

매장의 중심이 되는 마카롱 쇼케이스에는 총 17가지 형형색색의 아름다운 마카롱이 자리하고 있다. 신선함을 유지하기 위하여 계절이나 재료를 조달하는 현지 상황에 따라 조금씩 종류가 달라지기도 한다. 한쪽에서 커피나 다른 음료, 샌드위치 등등 여러 가지 카페 메뉴들을 주문할 수 있다. 주문해서 맛본 커피 메뉴도 맛과 질 모두 꽤 퀄리티가 높았다. 특히 라떼를 주문하면 수준급의 라떼 아트 솜씨를 볼 수 있어 커피를 마시는 동안 시각적인 즐거움을 준다.

아몬디에는 언제 들리더라도 대표 셰프가 제품을 만드는 모습을 볼 수 있다. 사실 파티스리와 같은 베이커리 숍에서는 제품이 만들어지는 가장 중요하고도 비밀스러운 키친을 오픈한다는 것이 쉬운 결정이 아니었을 것이다. 그만큼 손님들이 보이는 곳에서 좋은 재료로 처음부터 끝까지 대표 셰프가 직접 만들어내는 모습은 소비자들에게 믿음을 준다. 시원스러운 오픈키친 그리고 그날그날 만들어 채워지는 케이크와 마카롱을 맛보고 싶다면 주저하지 말고 아몬디에로 달려가 보자.

밀푀유 6500원
밀푀유는 천 겹의 잎사귀라는 뜻으로, 수백 장의 파이 층 덕분에 바삭바삭한 식감을 자랑한다. 여러 겹의 파이 층을 내기 위해서는 적당히 시원한 온도에서 반죽을 여러 번 접어가며 정성스럽게 밀어주어야 한다. 파이 사이사이의 부드러운 크림은 바삭한 파이지를 더욱 돋보이게 한다.

티라미수 7500원
부드러운 마스카르포네 치즈를 사용해서 만드는 이탈리안 디저트 티라미수. 큰 케이크로 만들어 잘라 먹기도 하지만 먹기 편하도록 컵에 담아 만들기도 한다. 진한 커피시럽에 푹 적신 비스퀴와 부드럽고 고소한 마스카르포네 치즈 크림을 한 스푼 크게 입에 넣으면 하루의 피로가 풀리는 느낌.

보르도 까늘레 1800원
프랑스 보르도 지방의 전통과자 중 하나로, 설탕을 듬뿍 넣어 만드는 반죽 덕분에 겉면이 거의 까맣게 캐러멜화되어 바삭바삭한 식감을 낸다. 안쪽은 부들부들 푸딩 같은 식감으로, 씹었을 때 바삭한 푸딩 맛 풀빵을 먹는 느낌이다. 일반적인 까늘레 사이즈가 아닌 깜찍한 미니 사이즈로 한입에 먹기 편한 아몬디에 까늘레도 추천.

payard

뉴욕의 맛과 멋
패이야드

패이야드는 뉴욕 최고의 디저트 부티크라 평가받는 곳으로, 세계적인 레스토랑 비평지 〈자갓 서베이〉에서 뉴욕에서 가장 맛있는 페이스트리와 초콜릿을 맛볼 수 있다고 극찬한 곳이다. 패이야드의 창업자 프랑수아 패이야드로부터 조선호텔 베이커리 독점으로 기술을 전수받은 셰프들이 뉴욕 본고장의 맛을 선보이고 있다.

패이야드가 2008년 서울에 상륙한 지 4년째. 베이킹 러버들로부터 열렬한 지지 속에 성업 중인데, 신세계백화점 본점을 중심으로 신세계백화점 강남점과 부산 센텀시티점 총 3곳에서 운영되고 있다.

인테리어는 뉴욕의 모던한 분위기를 반영했는데, 외관은 중후한 진갈색으로 꾸며 고급스러운 느낌을 주고, 내부는 베이지와 블랙 톤의 부드러운 나무색채를 이용해서 외관의 고급스러움을 이어받고 있다. 실내에 놓인 의자의 곡선이 마치 울타리 같은 느낌을 주는데, 그 안에 앉아 있으니 아늑한 울타리 안에서 디저트 타임을 즐기는 기분이었다. 입구를 지나 매장 안으로 들어서면 도심의 소음을 잠시 잊고 여유로운 한때를 보낼 수 있는 장소(트리니티 가든)가 펼쳐진다. 맑은 날엔 남산타워도 볼 수 있다. 날씨가 좋은 날에 테라스로 꾸민 패이야드의 옥상에서 따뜻한 햇볕을 맞으며 달콤한 디저트를 맛보는 것도 좋겠다.

쇼케이스에는 화려한 케이크와 초콜릿이 가득한데, 같은 모양으로 큰 사이즈

 패이야드 신세계백화점 본점
주소 서울시 중구 충무로 1가 52-5
　　　신세계백화점 본관 6층
전화 02-310-1980
영업시간 10:30~20:00, 주말 10:30~20:30
휴무 백화점 휴무일
교통 지하철 4호선 회현역 도보로 10분

 패이야드 신세계백화점 강남점
주소 서울시 서초구 반포동 19-3
　　　신세계백화점 2층
전화 02-3479-6083
영업시간 10:30~20:00, 주말 10:30~20:30
휴무 백화점 휴무일
교통 지하철 3·7·9호선 고속터미널역

(whole)와 작은 사이즈가 있다는 게 흥미롭다. 눈길을 사로잡는 화려한 디자인의 케이크들을 보고 있노라면 어느 것을 골라야 할지 행복한 고민에 빠진다.

변함 없는 맛으로 꾸준히 사랑받고 있는 제품은 '애플 타땅'으로, 패이야드의 베스트셀러이자 시그니처 메뉴다. 바삭한 퍼프 페이스트리에 캐러멜화한 사과를 올리고 부드러운 생크림으로 마무리하였다. 바삭한 페이스트리 위에 적당한 당도의 사과, 진한 유지방이 느껴지는 생크림의 맛이 패이야드를 또다시 찾게 한다.

에끌레르, 루브르, 오페라, 바나나 타르트, 애플 타땅과 같은 베스트 디저트류와 함께 샌드위치, 샐러드, 클래식 크로크무슈 등이 마련돼 있어 간단한 식사도 가능하다. 뉴욕의 맛과 멋을 느끼고 싶을 때 방문해 보자.

애플 타땅 6600원
패이야드의 베스트셀러이자 시그니처 메뉴. 바삭한 퍼프 페이스트리에 캐러멜화한 사과를 올리고 부드러운 생크림으로 마무리했다.

커피 에끌레르 5500원
달콤함의 결정체. 에끌레르는 프랑스어로 번개라는 뜻으로, 길쭉한 모양과 퐁당의 반짝임 때문에 붙여진 이름이다. 길게 짠 부드러운 슈 반죽에 커스터드 크림을 듬뿍 충전하고 그 위를 퐁던트(Fondant, 걸쭉하고 부드러운 상태의 당과)로 마무리했다.

나폴레옹 5500원
나폴레옹은 바스러지는 페이스트리에 부드러운 커스터드 크림의 조화가 일품인 밀푀유다. 'mille'는 숫자로 1000을, 'feuille'는 잎사귀를 뜻하는 말로, millefeuille(밀푀유)는 천 장의 잎사귀라는 뜻이 있다. 바삭바삭한 식감의 페이스트리가 겹겹이 쌓여 있고 그 사이에 바닐라빈이 함유된 커스터드 크림이 듬뿍 들어가 부드럽다.

만자리 초코 타르트 7700원
만자리(mansari)는 프랑스 회사 발로나의 초콜릿 이름이다. 바삭한 타르트지에 초코무스를 글라사쥬로 덮어주어 달콤하면서도 쌉싸래한 맛을 느낄 수 있다.

Peony

생크림처럼 달콤하고 딸기처럼 상큼한
피오니

딸기는 그 자체로도 맛있는 과일이지만, 생크림 같은 유제품과 함께 먹으면 칼슘이 보충될 뿐 아니라 맛도 잘 어우러진다. 1년 365일 생크림 딸기 케이크가 먹고 싶다면? 딸기를 활용한 맛있는 디저트를 맛볼 수 있는 곳 피오니가 있다.

홍대 상상마당을 지나 공영주차장길에 위치한 이곳은 주차장을 향해 있는 작은 쇼케이스부터 앙증맞고 귀엽다. 그 안을 채우고 있는 딸기 케이크들이 지나가는 사람들의 시선을 끌며 오랫동안 발길을 붙잡고 있는 모습이다.

문을 열고 들어서면 피오니의 조명이 눈에 띈다. 밤하늘에 별이 총총 떠 있는 것처럼 보이는 하얀 조명이 매장을 더욱 분위기 있게 밝혀주고 있다. 한쪽 벽면에 그려진 일러스트는 이곳이 젊은이의 거리 홍대임을 느끼게 한다. 하얀색 테이블에 벨벳 재질의 빨간색 의자가 놓여 있는데, 하얀 생크림과 빨간 딸기를 판매하는 숍의 느낌과 잘 어울린다. 벽면에 작약 그림이 걸려 있는데, 주인이 작약(피오니)을 좋아해서 숍 이름을 그리 지은 것 같다.

내부가 좁은 편이라 자칫 답답하게 느껴질 수도 있는데, 전면이 통유리로 되어 있고 벽면을 흰색으로 꾸며 놓아 안쪽에 앉아 있으면 좁다는 생각이 들지 않는다. 하지만 실제 공간이 넉넉하지 않다 보니 테이블이 몇 개 없어 조금 기다려야 할 때도 있다. 내가 방문했을 때도 모든 테이블이 차 있어서 조금 기다렸다가 자리를 잡았

다. 벽면에서 메뉴를 확인하고 안쪽에 있는 큰 쇼케이스를 들여다보니 여러 종류의 케이크가 보인다. 딸기 쇼트케이크, 초코크림 케이크, 치즈 케이크, 타르트 등 종류는 여러 가지이지만 이들 모두는 공통분모를 갖고 있다. 바로, 딸기와 생크림이다. 순수해 보이는 겉모습을 지닌 딸기 쇼트케이크. 안쪽 케이크 시트 사이에 생딸기가 층층이 레이어드되어 있다. 한입 먹어보니 오렌지 리큐어 '피오니60'의 향이 물씬 풍겨왔다. 리큐어(Liqueur)란 과일이나 곡류를 발효 증류하여 만든 주정에 과실·과즙 등의 성분을 넣고 설탕이나 꿀을 사용하여 단맛을 낸 혼성주다. 피오니60 외에 꾸엥뜨로, 그랑마르니에 등 오렌지향이 나는 리큐어는 많지만, 케이크를 먹어보면서 '샵 이름을 피오니라는 리큐어에서 착안해 지었구나' 싶었다.
케이크는 집에서 만든 홈메이드 식으로, 화려하거나 지나친 장식 없이 소박한 모양

 피오니
주소 서울시 마포구 서교동 403-15
전화 02-333-5325
영업시간 12:00~22:00
휴일 명절
교통 상상마당 지나서 공영주차장길 체육시설 앞

새다. 홍대의 다른 케이크들에 비하면 심심한 느낌이 들지만 그 친근함이 좋다. 시럽을 가득 머금은 촉촉한 제누와즈 사이에 들어가 있는 딸기가 상큼하고, 달지 않은 생크림의 양이 적당해 맛도 깔끔하다.

딸기 쇼트케이크란 프랑스의 프레지에를 일본식으로 만든 케이크로, 일본 후지야에서 처음 만들어졌다. 일본인뿐만 아니라 우리나라에서도 케이크 하면 하얀 생크림 위에 빨간 딸기를 떠올리는 사람들이 많을 것이다. 어린 시절 동네 어귀의 제과점을 지나칠 때 쇼윈도우 밖에서 동경의 대상으로 바라보았던 하얀 생크림케이크에 대한 기억을 누구나 갖고 있을 것이다. 케이크를 사는 날이면 그 상자 안에 행복도 함께 담겼다. 피오니의 케이크는 나에게 그 당시의 행복했던 기억을 되새기게 해주었다. 갓 볶은 원두로 내는 에스프레소, 아메리카노, 카페라떼, 카라멜마끼아또와 그린티 등 케이크와 같이 즐길 만한 음료도 다양하게 준비되어 있다.

숍에 앉아 있다 보니 먹고 가는 사람보다 테이크아웃하는 사람들이 더 많아 보였다. 나도 가족들과 나눠 먹으려고 케이크를 구입해 갔다. 늦은 저녁 시간이어서 다음날 먹을 요량으로 냉장고에 넣어두었는데 아침에 일어나 냉장고를 열어보니 딸기 생크림케이크가 반 이상이 사라져 있었다. 추리소설 제목처럼 '딸기케이크 살인사건'이 일어난 것이다. 범인으로 지목된 남동생을 심문하는데 자백이 이어진다. 범인의 입에서는 '맛있어서 그만…'이란 말뿐이었다.

딸기 쇼트케이크 4500원
겉모습은 하얀 생크림으로 덮여 순수한 모습을 하고 있지만 안쪽의 빨간 딸기가 유혹하는 케이크. 생크림의 양이 적당하고 맛도 깔끔하며 촉촉한 제누와즈 사이에 들어가 있는 딸기가 상큼하다.

딸기 타르트 3000원
바삭바삭한 쿠키반죽과 진한 크림치즈를 느낄 수 있다. 타르트에도 어김없이 딸기가 올라가 있다. 크림치즈를 좋아한다면 주문해보자.

Snob

동화 속 케이크 전문 카페
스노브

홍익대학교에서 극동방송국 방향으로 가다 보면 케이크 전문 카페 스노브(Snob)가 보인다. 2층 가정집을 개조한 카페는 외관을 크림색 시멘트와 검은색 철재로 꾸며 심플하다. 입구로 들어가는 길에 꾸려진 작은 마당에 벤치와 작은 화분들이 옹기종기 놓여 정겨워 보인다.

숍에 들어서면 심플한 내부에 아기자기한 소품들이 시선을 끈다. 개인적으로 손꼽는 일본의 스위트숍들 중 상위에 랭크되어 있는 일본의 타르트 전문점 키르훼봉에 온 듯 동화적인 분위기였다. 서울에서 키르훼봉 같은 분위기의 카페를 만나서 너무나 반가웠다.

입구 오른쪽에 놓인 커다란 쇼케이스에는 제철과일을 이용해 과하지 않은 데커레이션과 심플한 디자인으로 만든 17가지의 케이크와 타르트가 가득 차 있다. 타르트 반죽 속을 크림과 과일로 장식한 타르트는 원래 프랑스의 디저트다. 하지만 이곳 타르트는 깔끔하고 아기자기한 일본식 스타일처럼 보인다. 망고 타르트, 쇼콜라 블랑, 쇼콜라 샹티 등…. 보는 것만으로도 맛있는 쇼케이스 안의 케이크들이 저마다 예쁘고 화려한 모습으로 눈과 입을 유혹한다. 진열장의 케이크들 옆에는 재료의 원산지가 표시되어 있어 신뢰를 더한다. 1층 케이크 진열대 뒤로는 주방이 있어 케이크를 만드는 파티시에의 모습을 볼 수 있다. 매장 왼쪽으로도 쿠키와 수제 초콜릿,

파운드케이크 등 달콤한 디저트가 다양하게 준비되어 있다.
1층에서 디저트를 주문하고 2층 카페 자리로 옮겨서 음료를 주문한 뒤 함께 즐기면 된다. 2층 카페는 1층에 비해 비교적 넓고 공간이 탁 트여 있다. 게다가 창문이 크게 나 있어 시원스러운 느낌을 준다. 홍대 거리를 내려다보며 감상하기에도 좋다.

스노브
주소 서울시 마포구 상수동 86-53
전화 02-325-5770
영업시간 11:00~24:00
휴일 명절
교통 홍익대학교에서 극동방송국 쪽으로 걸어가다 보면 오른쪽에 위치
홈페이지 www.snobblue.com

기본적으로 준비된 제품 외에 과일을 주재료로 하는 케이크들은 시즌별로 메뉴의 변동이 있다. 이곳의 케이크는 재료의 맛을 자연스럽게 살리고 단맛은 줄인 것이 특징이다.

음료 메뉴들 가운데 홍차는 타르트와 잘 어울리는 종류로 엄선하였으므로 향긋한 홍차와 함께 케이크를 먹어보는 것도 좋겠다. 만화『홍차 왕자』를 재미있게 본 나에게는 달밤에 은수저로 홍자 잔을 저으며 홍차 왕자를 기다리고 싶은 마음이 들게 할 정도로 동화 같은 공간이었다. 홍차가 우려지는 동안 식지 않도록 워머를 씌워주고 모래시계도 준비하는 등 세심함이 느껴졌다. 스노브의 포장패키지는 화이트 상자에 깔끔하게 스노브(snob) 네 글자만 새겨져 있다. 테이크아웃도 가능하나 4호 사이즈 제품을 사려면 예약은 필수.

지친 몸과 마음을 편안하게 이완시키고 싶다면 스노브에 가보는 게 어떨까? 달콤한 케이크와 홍차가 몸과 마음을 편안하게 달래줄 것이다.

치즈 타르트 5800원
고소하면서 바삭한 타르트 반죽과 농밀한 크림치즈가 조화롭다. 제품의 광택과 보존성을 높이기 위한 살구 나빠쥬도 괜찮다.

얼그레이 케이크 4800원
얼그레이 케이크는 영국산 얼그레이를 사용한 케이크다. 은은히 풍기는 홍차 향에 매혹되고 한 입 먹는 순간 달콤한 맛에 빠져든다. 제누와즈에 시럽이 촉촉하게 베어 있어 부드럽고 생크림은 공기처럼 가벼워 입에서 살살 녹는다.

다즐링 5000원
만화『홍차 왕자』에서는 아쌈왕자를 좋아했으나 이곳에선 다즐링을 주문했다. 홍차가 우려 나오는 동안 식지 않도록 워머를 덮어주고 모래시계도 준비하는 등 세심함이 느껴졌다.

Shortcake

깜찍한 컵케이크와 소품이 가득
쇼트케이크

부암동은 너무나 조용하고 여유로워서 도심에 있다는 느낌보다는 동네 가까운 곳에 산책 나온 느낌이다. 이곳에 언제부터인가 예쁘고 개성 있는 카페들이 하나둘씩 생겨나기 시작했다. 부암동길을 걷다 보면 하늘색 외관이 돋보이는 작은 케이크 가게 하나가 눈에 들어온다. 오래전에 왔을 때는 아기자기한 일본 소품이 한가득 있는 소품 잡화 매장이었는데, 다시 들러보니 소품 매장 한가운데에 예쁜 컵케이크 쇼케이스가 생겨 있다.

현재 부암동 쇼트케이크의 주인장은 바뀐 상태지만 아기자기하고 사랑스러운 매장 분위기는 고스란히 유지되고 있다. 이전에 판매했던 수입 소품 잡화들도 여전히 있었고 작지만 아담한 매장 중심에는 매장 외관과 같은 하늘색으로 만들어진 작은 케이크 쇼케이스가 자리하고 있었다. 매장이 워낙 아담해서 앉을 자리는 창가 바 테이블과 매장 안 원형 테이블 두 개가 고작이다. 하지만 주말이 아니라면 평일에는 한가롭게 창가에 앉아 차를 마시며 컵케이크를 즐기기에 무리가 없다.

쇼케이스 안으로 진열된 컵케이크들은 사랑스러운 파스텔톤의 색감을 뽐내며 다소곳이 자리 잡고 있다. 너무 사랑스러운 자태에 어떤 아이를 골라야 할지 고민하고 있으니 어떤 메뉴를 먹으면 좋을지 주인장의 조언이 뒤따른다.

그런데 케이크를 고르며 이야기를 나누던 중 한 가지 놀란 점은, 설명을 해주던 건

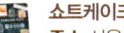

쇼트케이크
주소 서울시 종로구 부암동 261-6번지
전화 02-325-5770
영업시간 11:00~21:00
휴일 연중무휴
교통 경복궁역 3번 출구로 나가 쭉 직진하면 나오는 버스정류장에서 7022번, 7018번, 1020번 버스를 타고 부암동 주민센터(부암동사무소)에서 하차.

장한 청년분이 얌전하게 프로스팅이 발린 컵케이크를 모두 만들었다는 사실이다. 귀엽고 아기자기한 컵케이크는 당연히 여성이 만들었을 거라는 나의 편견이 깨지던 순간이었다. 쇼트케이크의 주인장이신 건장한 청년이 케이크를 굽고 크림을 바르고 하나하나 직접 만들었다는 사실이 베이킹을 하는 나로서는 참으로 놀랍고 신기했다. 컵케이크를 먹을 때 윗면에 올라간 크림이 너무 두꺼우면 먹기가 좀 거북한데 쇼트케이크 컵케이크들은 크림 층이 적당해 케이크와 잘 어울렸다.

이곳 쇼트케이크에는 기본적으로 8가지 정도의 컵케이크가 늘 준비되어 있다. 단순한 모양이지만 심플하고 맛에 따라 크림 색감이 확실하다. 윗면의 크림도 깔끔하게 발려 있다. 건장한 청년이 발랐다고는 믿기지 않을 만큼 말이다.

그날그날의 기분에 따라 먹고 싶은 컬러나 맛을 선택해서 여유롭게 앉아 즐겨도 좋을 듯하다. 주말에는 손님이 많아 앉아서 먹을 만한 테이블이 마련되지 않을 때도 종종 있다. 그럴 때는 꼼꼼하게 포장해주는 테이크아웃이 좋은 방법이다.

쿠키 & 크림 컵케이크 4500원
크림 속에 쿠키를 부숴 넣어 만든 컵케이크다. 오레오가 섞인 크림은 은근 고소하면서도 맛이 좋다. 윗면 장식인 오레오는 미리 올려두면 눅눅해지기 때문에 손님이 주문했을 때 바로 얹어 내온다. 까만 쿠키가 송송 들어가 있는 고소한 프로스팅과 케이크를 함께 먹는 맛은 쿠앤크 아이스크림을 먹던 추억의 맛이다.

라즈베리 버터플라이 컵케이크 4500원
분홍색의 깔끔한 치즈크림 프로스팅 윗면에 초록색의 설탕 반죽으로 만든 잎이 하나 올려져 있어 밋밋했던 컵케이크에 포인트를 만들어준다. 케이크 베이스는 초코 맛으로 분홍색의 치즈크림과도 잘 어울리고 크림이 생각보다 느끼하지 않아서 맘에 든다.

민트초코 컵케이크 4500원
민트맛 크림은 자칫하면 민트향이 과하게 들어가 거부감을 주기 쉬운데 이곳 민트초코 버터크림 프로스팅은 과하지 않은 향으로 초코맛 케이크와 참 잘 어울린다. 민트향이 초코 맛의 달콤함을 적절하게 중화시켜준다.

행복한 케이크와 함께

Royal Cupcake

뉴욕의 맛으로 여심을 잡는
로얄 컵케이크

컵케이크는 미국에서 작은 도자기 컵에 케이크 반죽을 담아 구워냈던 것이 시초라고 한다. 주로 많은 사람이 모이는 결혼식이나 생일파티에서 나눠 먹기 편리하도록 작게 구워 사용되었다.

미국드라마 〈섹스 앤 더 시티(Sex and the City)〉에서 캐리와 변호사 친구인 미란다가 벤치에 앉아 매그놀리아(Magnolia Bakery)의 핑크빛 컵케이크를 베어 물던 장면이 있었다. 그 방송은 뉴욕의 컵케이크 전문점 매그놀리아를 전 세계인이 찾는 명소로 만들었다. 섹스 앤 더 시티를 즐겨보았던 나 역시도 컵케이크를 무지하게 맛있게 먹던 그녀들의 모습이 꽤 인상적이었다.

드라마를 즐겨봤던 나에게 그리고 뉴욕식 컵케이크 맛을 궁금해하는 이들에게 반가운 컵케이크 집이 있으니, 미국의 파티시에 스쿨에서 수학한 노진선 대표가 한국으로 돌아와 오픈한 로얄 컵케이크가 바로 그곳이다.

뉴욕식 맛을 낸다는 로얄 컵케이크는 어떤 맛일까? 캐리와 미란다 부럽지 않은 입안의 호사를 누리기 위해 오픈하자마자 달려갔던 기억이 난다. 그리고 얼마 전 2년 만에 다시 방문하니 여전히 그 자리에서 그 모습 그대로 성업 중이다.

청담동 한적한 골목에 베이비핑크의 간판이 유난히 눈에 띈다. 여성스러움이 물씬 풍기는 핑크 매장 덕분인지 괜스레 마음이 두둥실 뜬다. 커다란 통유리와 검은색

스트라이프 차양 사이로 살짝 들여다보이는 여러 가지 색감의 내부가 이국적인 느낌을 물씬 풍긴다. 블랙과 핑크의 고급스러운 로고가 새겨진 현관을 밀고 들어가면 화이트와 블랙 중심으로 꾸며놓은 실내에 감탄사가 절로 나온다. 컵, 접시 등 주방용품들이 매장 인테리어와 잘 어우러지며, 샹들리에 조명도 우아함을 주는 데 한몫하고 있다. 베이커리 안으로 더 가까이 들어서면 달콤한 냄새가 코를 자극한다. 그리고 쇼케이스에는 다채로운 컬러 프로스팅의 컵케이크가 보인다. 귀엽고 앙증맞은 컵케이크들 덕분에 눈까지 호강하는데, 전체적으로 프랑스식 케이크처럼 화려한 데코는 없지만 미국식의 소박한 데코가 정겹다.

가장 인기 있는 메뉴는 '레드 벨벳'으로, 코코아 향이 가득한 베이스에 크림치즈 프

로얄 컵케이크
주소 강남구 청담동 99-9번지
전화 02-540-8918
영업시간 11:00~21:00
휴일 일요일
교통 청담역 8번 출구에서 구찌 매장 뒤편 커피미학 건너편

로스팅이 잘 어울린다. 붉은색이 얼마나 선명하고 강렬한지 윗면의 크림치즈 프로스팅과의 대비가 강렬하다. 그밖에 얼그레이 레몬, 초코 바니, 곰돌이 얼굴 모양을 한 컵케이크. 오레오 쿠키를 통째로 입에 물고 있는 모습의 쿠키 몬스터 컵케이크도 재미있다. 사랑스러운 색감과 다양한 뉴욕 스타일의 컵케이크들이 모두 예쁘고 귀엽다.

이 모든 컵케이크를 트랜스지방 0%, 고급 우유버터 100%, 프랑스산 초콜릿, 유기농 재료 등 엄선된 재료로만 만들고 있다고 한다. 케이크와 함께 즐기는 차와 홍차 리스트도 좋다. 특히 프랑스 유명 홍차 마리아쥬를 만날 수 있다. 포장을 원하면 예쁜 핑크색 박스에 테이크아웃도 가능하다. 예쁜 인테리어와 함께하는 컵케이크는 순식간에 기분을 좋게 만드는 신기한 디저트다.

레드 벨벳 5000원
로얄 컵케이크의 대표 메뉴 중 하나. 코코아 향이 가득한 베이스에 크림치즈 프로스팅이 잘 어울린다. 슈가반죽으로 만든 붉은색 꽃이 인상적이다.

초코 바니 5000원
로얄 컵케이크의 비쥬얼을 담당하고 있다고 해도 과언이 아닐 초코 바니. 바니가 귀를 쫑긋 세우고 있는 모습을 형상화한 컵케이크다. 아주 진한 초콜릿 베이스에 달콤한 프로스팅, 그 위에 초코 버미셀리가 뿌려져 있고 초콜릿으로 만든 토끼 귀가 앙증맞다.

얼그레이 레몬 5000원
노란 꽃 모양의 프로스팅이 눈에 띄는 얼그레이 레몬은 얼그레이 향이 풍부한 베이스에 레몬 향이 가득한 프로스팅으로 만들어져 있다. 레몬을 띄운 홍차 한 잔을 마시는 기분으로 즐길 수 있다.

스트로베리 5000원
딸기향이 나는 베이스에 딸기향 프로스팅을 꽃 모양으로 예쁘게 올리고 하얀색 스프링클스로 마무리. 한 송이 딸기 꽃을 먹는 느낌으로 즐길 수 있다.

Rose Bakery

건강한 베이커리와 브런치를 맛보다
로즈베이커리

밤의 거리로 대변되던 이태원이 많은 변화를 보이고 있다. 이곳에도 브런치 카페나 베이커리 카페가 속속 생겨나고 있다. 한층 깔끔해지고 밝아진 분위기에 여기가 이태원이 맞나 싶을 정도다. 이태원 동쪽의 한강진역으로 가면 역에서 그리 멀지 않은 곳에 로즈베이커리라는 오가닉 베이커리 매장이 자리하고 있다. 리움 미술관으로 올라가는 초입의 꼼데가르송 플래그십스토어(대형 단독 매장) 1층에 로즈베이커리가 오픈한 것. 일본 디자이너 가와쿠보 레이가 건축 디자인을 총괄했다고 알려진 꼼데가르송 건물과도 매치가 잘 되는 로즈베이커리는 매장 분위기 역시 도시적이면서도 현대적이고도 심플했다. 특히나 로즈베이커리를 대변하는 빨간색 로고와 테이블이 한눈에 들어온다. 로즈베이커리는 영국인 로즈 칼라리와 프랑스인 남편 장 샤를이 세계적으로 운영하는 순수 오가닉 베이커리와 브런치 매장이다. 6년 전쯤 프랑스 파리 몽마르뜨르 매장을 시작으로 마레와 런던의 도보 스트리트 마켓, 일본과 국내 매장 등 여러 곳에 매장이 생겨나고 있다.

한남동 로즈베이커리 매장은 꽤 넓은 공간을 자랑한다. 외관은 창이 통유리로 되어 있어 시원하게 탁 트인 느낌을 준다. 안으로 들어서자마자 보이는 케이크 쇼케이스가 눈에 띈다. 바로 옆으로는 긴 형태의 오픈키친과 함께 싱그러운 채소, 조리된 음식 등과 스콘, 키슈 같은 먹거리가 줄지어 올려져 있다. 오픈키친과 함께 보이는 식

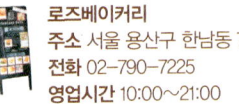

로즈베이커리
주소 서울 용산구 한남동 739-1
전화 02-790-7225
영업시간 10:00~21:00
휴일 명절
교통 6호선 한강진역 1번 출구로 나와 직진해서 꼼데가르송 플래그십스토어 1층

재료, 먹거리들을 보는 것만으로도 벌써 군침이 돌기 시작한다. 로즈베이커리는 간단한 영국식 브런치 같은 식사 메뉴들도 꽤 인기가 높다. 특히 샐러드는 신선도를 고려해서 매일 종류가 조금씩 바뀌어 제공된다고 한다. 이곳에서 만들어지는 식사 메뉴들이나 키슈, 케이크들은 로즈베이커리 본점의 레시피를 그대로 가져와 만들고 있어서 현지에서 먹는 기분을 느낄 수 있다.

사용하는 식재료나 위치 등의 이유로 가격대는 조금 높은 편이지만 포장이 가능한 메뉴들은 테이크아웃을 하면 15% 정도 할인된 가격으로 구입할 수 있기 때문에 굳이 먹고 갈 필요가 없을 때에는 포장해가는 것도 좋은 방법. 세련되고 감각적인 매장들이 줄지어 생겨나는 한강진역에서 이태원으로 이어지는 거리를 천천히 산책하면서 로즈베이커리에서의 브런치나 베이커리를 즐기며 조금은 여유로운 시간을 보내보자.

당근 케이크 7000원
포슬포슬한 당근케이크의 식감을 잘 살린 케이크. 당근이 듬뿍 들어가서 건강에도 좋고 윗면에 올려진 크림치즈 프로스팅이 케이크 맛과 조화롭다. 그냥 먹으면 자칫 심심해질 뻔했던 당근케이크의 맛을 치즈크림이 살려준다.

캐러멜 타르트 8000원
바삭바삭한 타르트지에 농후한 맛의 캐러멜 필링이 맛있다. 이곳의 캐러멜 타르트는 진한 캐러멜 맛을 유지하면서도 머리가 띵할 정도의 단맛이 아니라서 더 맘에 든다.

초코마블 케이크 5000원
초코마블이 너무나도 선명하게 나온 케이크. 윗면에 초콜릿 크림이 씌워져 있어 보송보송한 케이크를 먹을 때 더 촉촉하고 달콤하게 만들어준다.

무화과 베간 케이크 5000원
노 버터, 노 달걀인 베간 케이크. 대신 무화과 같은 건과류가 과할 정도로 듬뿍 들어가 있어 씹는 맛이 좋다. 버터나 달걀이 들어가지 않았는데도 식감이 부드럽다.

Recipe

바삭바삭한 타르트지 위에 고소한 아몬드크림과 고구마를
듬뿍 넣고 만드는 고구마 타르트. 케이크숍에서나 볼 수 있는
고급 타르트를 집에서도 만들어보세요.

아벡누 스타일의 **고구마 타르트** 만들기

재료 (11cm 미니 타르틀레트 2개 또는 21cm 타르트 1개 분량)

타르트지 버터 50g, 설탕 6g, 소금 2g, 박력분 100g, 노른자 1개, 물 2ts **고구마 아몬드크림** 익힌 고구마 90g, 황설탕 20g, 버터 50g, 슈가파우더 40g, 달걀 50g, 아몬드가루 50g, 럼주 1ts(생략가능) **그 외** 윗면에 올려줄 고구마 100g, 꿀 15g, 덧가루용 강력분 또는 박력분 약간

만들기

1. 박력분과 설탕, 소금을 체 쳐 넣고 차가운 버터를 잘라 넣어 섞은 뒤 보슬보슬한 소보로 상태가 되면 노른자와 찬물을 섞어 중심에 넣고 스크래퍼로 자르듯 뭉칩니다.
2. 반죽을 손바닥으로 3~4번 정도 앞 방향으로만 치대면서 한 덩이로 뭉친 뒤 비닐에 넣고 평평하게 만들어 냉장고에서 1시간 정도 휴지합니다.
3. 윗면에 올릴 고구마는 작게 깍뚝썰기하여 씻은 뒤 전자레인지로 1분 정도만 익혀 꿀을 섞어두세요.
4. 아몬드크림과 섞을 고구마는 푹 익힌 뒤 뜨거울 때 포크로 으깨며 황설탕을 섞어주세요.
5. 작업대에 덧가루를 솔솔 뿌리고 휴지한 타르트 반죽을 꺼내 2~3mm 두께로 밀어주세요.
6. 타르트 틀 위에 반죽을 지긋이 눌러가며 밀어 넣으세요. 틀 밖으로 나온 반죽은 밀대로 밀어 잘라냅니다.
7. 바닥 부분에 포크로 찍어 공기구멍을 만듭니다. 아몬드크림을 만들 동안 틀째 다시 냉장고에 넣어두세요.
8. 고구마 아몬드크림 만들기: 볼에 버터를 넣고 풀어준 뒤 슈가파우더, 미리 풀어둔 달걀, 체 쳐둔 아몬드가루를 차례로 섞고 럼주와 황설탕을 섞어 으깬 고구마를 섞습니다.
9. 냉장고에 넣어두었던 타르트 반죽을 꺼내서 안에 고구마 아몬드크림을 채워주세요. 그 위에 꿀 섞은 고구마 조각을 듬뿍 올리고 170도로 미리 예열된 오븐에 넣어 35~40분 정도 구워주면 완성.

행복한 케이크와 함께 073

Recipe

초콜릿 향이 나는 빨간 베이스에 부드러운
크림치즈 프로스팅이 올라간 컵케이크입니다.
베이스의 붉은색이 프로스팅과 강렬한 대비를 이루며
꽃 장식이 포인트입니다.

로얄 컵케이크의 **레드 벨벳 컵케이크** 만들기

재료 (7~8개 분량)
우유 100ml, 레몬즙 1ts, 버터 120g, 슈가파우다 180g, 바닐라에센스 약간, 달걀 3개, 붉은 색소 1ts, 박력분 180g, 코코아파우다 20g, 베이킹파우다 1ts **프로스팅** 크림치즈 100g, 버터 50g, 슈가파우다 100g, 시판용 슈가페이스트, 색소 약간

만들기
1. 우유에 레몬즙을 넣고 한 번 저은 뒤 몽글몽글해질 때까지 15~20분 기다려 준비합니다.
2. 실온에 놓아둔 부드러운 버터에 슈가파우다를 넣고 휘핑합니다.
3. 달걀을 조금씩 넣어서 섞어주고 바닐라에센스와 붉은 색소를 넣습니다.
4. 1에서 몽글몽글하게 만든 우유 1/2을 섞고 박력분 1/2을 넣어 섞어요. 그리고 다시 나머지 우유와 박력분을 번갈아가며 매끄럽게 섞습니다.
5. 머핀팬에 종이머핀컵(유산지)을 깔고 반죽을 넣어 170~180도 오븐에 20~30분 구워냅니다. 대나무 꼬치로 찔러보아 묻어나는 게 없으면 다 익은 것.
6. 프로스팅: 크림치즈와 버터를 부드럽게 풀어주고 분량의 슈가파우다를 넣습니다.
7. 구워져 나온 머핀 위에 스패츄라로 프로스팅을 발라줍니다.
8. 슈가페이스트를 얇게 밀어준다음 꽃모양 커터로 찍어주세요.
9. 프로스팅 위에 장식하면 완성.

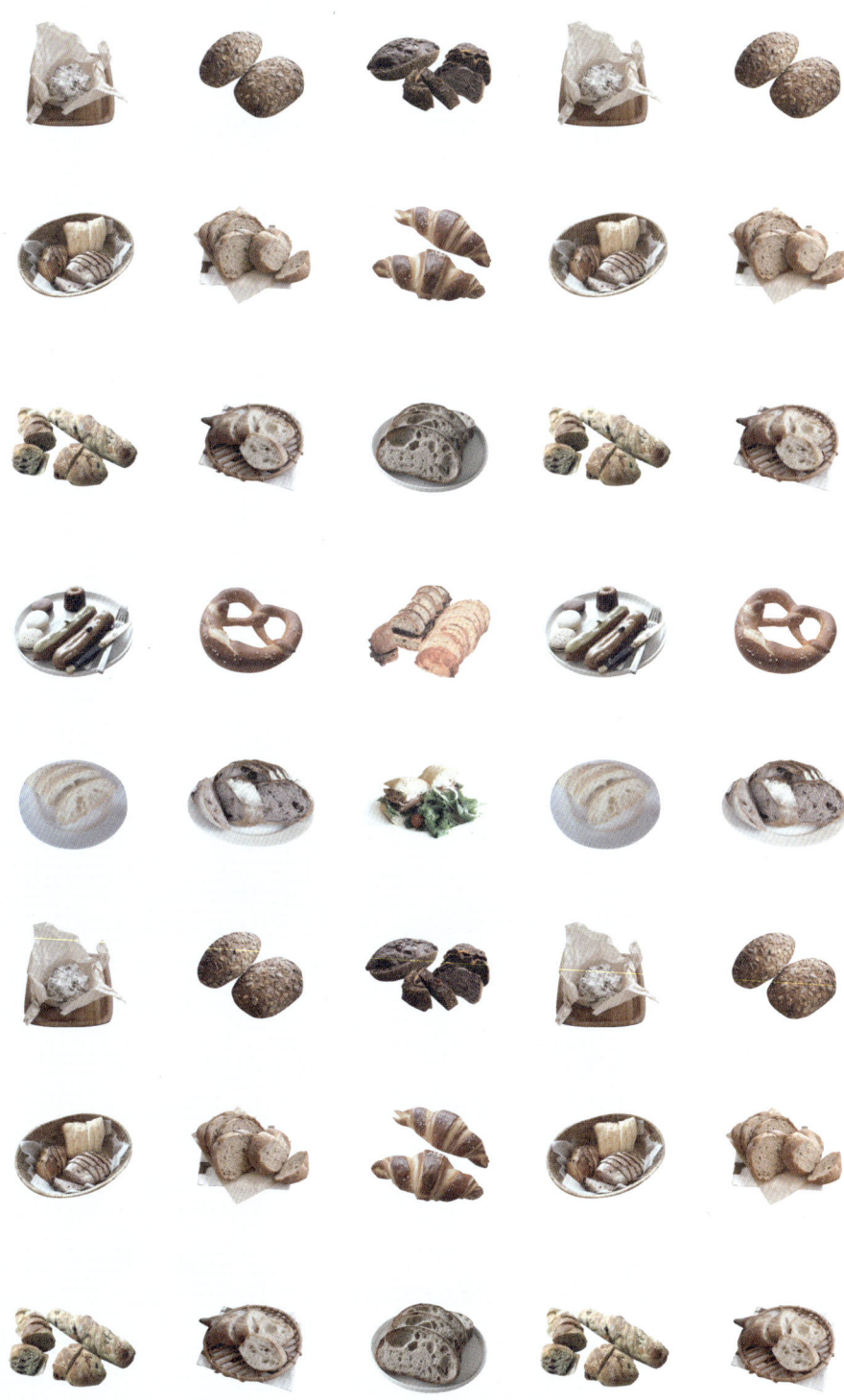

Part 2
건강하고 맛있는 빵과 함께

맛있는 건강빵이 있는 숨은 빵집 | 카페 드 하이몬드 | 빈티지한 프랑스를 느낄 수 있는 | 퍼블리크 | 일본 스타일의 빵이 가득 | 도쿄빵야 | 따끈따끈한 샌드위치가 있는 곳 | 부첼라 | 아빠가 만들어주는 빵 | 빵 드 빱바 | 명동에서 만나는 일본 웰빙 도너츠 | 하라도너츠 | 매력적인 빵 뷔페 | 테이크 어반 | 프랑스식 베이커리 | 폴 앤 폴리나 | 오감을 자극하는 슬로우푸드 빵집 | 브레드 05 | 빵을 연구하는 카페형 베이커리 | 브레드 랩 | 과거로의 회귀를 꿈꾸는 식사빵 | 레트로 오븐 | 서울에서 즐기는 프랑스 정통 빵집 | 기욤 |

Cafe' de HIMOND

맛있는 건강빵이 있는 숨은 빵집
카페 드 하이몬드

5호선 천호역과 가까운 대로변에 자리한 카페 드 하이몬드는 1979년도에 문을 열어 30년이 훌쩍 넘는 오랜 세월 동안 맛으로 꾸준한 사랑을 받고 있는 베이커리다. 여러 가지 건강빵과 단과자빵, 케이크, 과자, 초콜릿 메뉴를 전반적으로 다루는 베이커리이기도 하면서 카페 공간을 함께 운영하는 큰 매장이기도 하다.

카페 드 하이몬드를 알게 된 것은 이곳의 총괄 기술상무를 맡고 계신 홍상기 셰프를 통해서다. 홍상기 셰프는 오래전 윈도우베이커리를 운영해온 오너셰프였는데 매장 일에 쫓기기보다 빵에 대해 조금 더 배우고 연구하고 노력하고자 하이몬드 기술 상무로 재직하게 되었다고 한다. 오랫동안 베이커리 쪽에서 전문가로 자리 잡은 셰프이면서도 늘 배우는 자세로 제품 개발에 많은 열정을 쏟고 있으며, 여러 베이커리 세미나를 통해서 많은 사람들과의 소통을 이어나가고 있다. 또한 각종 대회 수상경력 때문인지 여느 윈도우베이커리 오너 셰프보다 더 뛰어난 제빵 기술로 하이몬드의 제품을 책임지고 있다.

하이몬드에 들어가면 매장 입구 쪽에 놓인 건강빵이 가장 먼저 눈에 들어온다. 셰프가 개인적으로 가장 추천하고 싶은 제품들이 건강빵이 아닐까 생각해본다. 설탕을 사용하지 않는 무설탕 빵, 청국장이 들어간 빵, 천연 발효종을 사용하는 르방 반죽 빵, 우리밀만을 사용하는 빵 등 다양한 건강빵을 만나볼 수 있다. 특히 홍상

기 셰프가 오랫동안 연구하고 개발해서 만든 찰보리 커런츠 치아바타라는 빵이 유독 먹음직스러웠는데, 바로 이 빵이 올해 캘리포니아 건포도 베이커리 경연대회에서 대상을 받은 제품이다. 대회를 준비하는 동안 홍상기 셰프의 연구에 대한 열정을 '홍당무 공방'이라는 개인 블로그를 통해 간간이 만나볼 수 있었다. 그런 노력의 결실을 직접 맛볼 수 있다는 것만으로도 행운이라는 생각이 들었다. 천편일률적인

 카페 드 하이몬드
주소 서울시 강동구 성내동 57-12
전화 02-478-2402
영업시간 8:00~24:00
휴일 연중무휴
교통 5호선 천호역 6번 출구 직진 도보 1분
홍상기 셰프 블로그 blog.naver.com/hsgkjj

프랜차이즈 빵집의 빵들과는 확연히 다른 빵맛, 촉촉하면서도 부드러운 풍미, 입과 마음, 뱃속이 편안하고 즐거워지는 맛이다. 매장 안쪽으로는 오랜 세월 동안 사랑받아왔을 법한 옛날식 도넛이나 단팥빵, 소보루빵, 카스테라, 롤케이크들이 눈에 들어온다. 그만큼 다양한 연령층에게 사랑받고 있는 곳이다.

홍상기 셰프의 개인 블로그 홍당무 공방에서는 여전히 다양한 건강 빵 만들기에 힘쏟는 모습을 볼 수가 있다. 발효종을 만드는 모습이라든지 세미나에서 제품 개발을 하는 모습 등. 빵과 과자에 쏟는 정성과 노력의 결과로 만들어지는 하이몬드의 모든 제품들이 사랑받을 수밖에 없다는 생각이 절로 든다.

찰보리 커런츠 치아바타 3000원
캘리포니아 건포도 베이커리 경연대회에서 대상을 받은 제품. 커런츠 액종을 만들고 찰보리로 배양을 해서 식감이 아주 부드럽고 촉촉하다. 무엇보다 건강에 좋은 재료로만 만들어져서 소화가 잘되는 무설탕 빵이다. 하이몬드의 베스트셀러 메뉴 중 하나.

초코 크렌베리 빵 2800원
투박하고 진한 색감의 초코 빵은 보는 것과 달리 아주 부드러운 결을 자랑한다. 르방을 사용해 만든 빵으로 순 우리밀로만 만든다고 한다. 초코맛과 더불어 살구와 크렌베리 같은 상큼한 건과일이 씹히고 화이트초콜릿도 간간이 씹혀 달콤하다.

까망베르 치아바타 2500원
개인적으로 치아바타 빵을 좋아하기 때문에 어느 빵집을 가더라도 치아바타는 꼭 구입하는 편. 까망베르 치즈가 들어간 치아바타로 설탕을 사용하지 않은 무설탕 건강빵이다.

무설탕 트리플빈 2800원
소화를 잘 못하는 사람들을 위한 빵. 청국장 분말이 들어가 있어 첫맛이 굉장히 구수하다. 반죽에 콩이 들어가 있어 달지 않고 씹는 맛도 좋다. 청국장 분말이 들어갔다고 해서 청국장의 진한 향이 나는 것은 아니니 안심하고 맛보아도 된다.

시금치 치즈 치아바타 2500원
시금치가 반죽 속에 들어가 초록빛이 연하게 도는 빵. 체다치즈와 잭치즈가 들어가 있고 크렌베리, 양파 등 여러 재료가 듬뿍 들어가 있기 때문에 식사대용으로 아주 좋다.

카페 드 하이몬드 총괄 기술상무 홍상기 셰프 인터뷰

"매일매일 빵을 연구해서 언젠가는 홍당무 공방을 만들고 싶어요"

홍상기 셰프는 제빵업계에서는 유명한 사람이다. 26년이라는 긴 세월 빵과 함께 살아온 그는 화려한 수상경력에 여러 베이커리 클래스에서 강의 등 눈에 띄는 이력을 갖고 있다. 그럼에도 하루도 빠짐없이 빵을 연구하고 블로그를 통해 많은 사람들과 소통하는 등 다방면으로 노력을 게을리하지 않는다. 그가 빵에 담아내고 싶은 꿈은 무엇일까?

이 분야를 직업으로 삼게 된 계기는 무엇인가요?

제가 열여덟 살 때였습니다. 일하는 것이 좋아서 학교를 그만두고 제과기술학원에 등록했어요. 초등학교 때부터 집에서 카스텔라를 만들어 팔았는데 그때도 그 일이 정말 재미있었거든요. 나름대로 손재주가 있어서 만들거나 그리는 걸 좋아하기도 했고요. 아마도 그 영향이 지금까지 이어져 온 것 같습니다.

이 일을 하면서 가장 보람이 느껴질 때는 언제인가요?

26년이라는 긴 시간 동안 한 직업에 종사하다 보니 일도 많고 탈도 많았답니다. 하지만 요즘처럼 즐겁고 행복할 때가 없었던 것 같아요. 매일매일 빵에 대해 연구하는데 이제야 조금은 빵을 알 것 같거든요. 제가 공부하고 익힌 것을 세미나를 통해 다른 분들에게 전하는 것 또한 저에게는 큰 기쁨이고 가장 보람 있는 일입니다.

카페 드 하이몬드에서 가장 추천하는 메뉴는?
↪ 저희 하이몬드에는 요즘 건강빵 종류가 많이 늘어가고 있습니다. 특히 천연발효와 저온숙성을 이용해 만든 깜빠뉴와 치아바타가 대표적입니다. 또한, 우리나라 찰보리를 이용해서 빵과 카스테라를 만들어서 판매하고 있는데요, 우리 농산물이 우리 몸에 잘 맞으므로 이 메뉴를 추천합니다.

향후 계획이나 목표가 있다면 말씀해주세요.
↪ 첫 번째는 더 좋은 건강빵을 만들어서 하이몬드가 번창하는 일입니다. 두 번째는 지금의 제 블로그 이름인 '홍당무 공방'과 베이커리를 실제로 만들어서 제가 아는 것을 많은 분들과 함께 나누고 싶습니다.

PUBLIQUE

빈티지한 프랑스를 느낄 수 있는
퍼블리크

홍대와 가까운 상수역 근처에 가정집을 개조하여 만든 따뜻하고 아늑한 공간이 있다. 매장 구석구석 젊은 오너셰프의 손길이 느껴지는 퍼블리크다.

퍼블리크의 장은철 오너셰프는 젊고 신선한 감각으로 정통 프랑스 발효종 빵을 만드는 열정 충만한 셰프다. 프랑스 국립 제빵제과학교를 졸업한 뒤 프랑스 현지 블랑제리에서 오랜 경험을 쌓았기 때문인지 매장 안에 있는 대부분의 빵과 과자류들은 프랑스 정통 스타일 그대로를 편안한 느낌으로 재현해내고 있다.

퍼블리크(PUBLIQUE)는 프랑스어로 '대중의' '공공의'라는 뜻으로, 누구나 빵과 과자를 부담 없이 즐기기를 바라는 의미를 담았다고 한다. 그런 바람 때문인지 이 조용한 동네에 위치한 퍼블리크는 말 그대로 '핫'한 매장으로 많은 사람들의 입소문을 타고 가장 뜨고 있는 윈도우베이커리 매장 중 하나다.

퍼블리크에서 만들어지는 빵의 대부분은 정통 프랑스 발효종을 이용한 것들이 주를 이룬다. 브리오슈나 페이스트리 같은 종류를 제외하고는 프랑스 밀가루와 물로만 만드는 천연 발효종을 사용하고 있는데, 사용하는 재료는 단순하지만 그 단순함과 투박함 속에서 '프랑스의 빵이 이런 것이다'라는 것을 대중적으로 잘 표현해내고 있다.

천연 발효종으로 만드는 빵은 보통 빵과는 달리 먹었을 때 소화가 잘되는 것은 물론 오래 두어도 노화가 쉽게 되지 않아 부드럽고 촉촉한 식감이 오래간다. 또한, 천연

발효종을 통해 발효되는 과정에서 독특한 향과 맛이 만들어지므로 빵 자체의 향이 좋으며 방부제를 따로 넣지 않아도 보존기간이 길어 보관에 용이하다고 한다. 발효종을 만드는 과정이 조금 번거롭지만 그만큼 만족도가 높아 천연 발효종 빵이 많은 사랑을 받고 있는 것이다.

퍼블리크의 매장 분위기는 화려하지 않지만 프랑스 어느 작은 골목의 빵집 같은 느낌이 들도록 작은 소품 하나에서부터 테이블, 의자 등이 편안하게 꾸며져 있다. 매장에서 특이한 점은 가정집 마당에 꾸며진 카페 테이블 공간이다. 마당에 마련된

 퍼블리크
주소 서울시 마포구 상수동 311-1
전화 02-333-6919
영업시간 11:00~22:00
휴일 연중무휴
교통 지하철 6호선 상수역 1번 출구로 나와 홍대
　　　방향으로 내려가다가 동천홍을 끼고 좌회전하면
　　　보인다. 도보 5분 정도 소요.

테이블에 앉아 있으면 유리창 너머로 오너셰프의 빵 만드는 모습을 고스란히 볼 수 있다. 그런 셰프의 모습이 매장을 찾는 사람들에게 신뢰감을 주고 친숙한 이미지로 어필하는 듯하다.

퍼블리크에서는 100% 호밀로 만들어진 세이글 퍼블리크와 통밀빵인 루스틱 드 퍼블리크, 프랑스 시골빵인 깜빠뉴 등 모양은 투박하지만 구수한 빵 맛을 제대로 느낄 수 있다. 빵 종류 외에도 프랑스 정통 스타일의 레몬머랭 타르트, 양배와 살구 타르트, 까늘레, 마카롱, 에끌레르 같은 제과류를 맛볼 수 있다. 퍼블리크라는 이름처럼 가격 또한 대중적이라는 점도 이곳이 가진 매력 중 하나다.

화려하진 않지만 흔하지 않고 대중적이면서 편안한 느낌으로 다가오는 퍼블리크. 프랑스를 가지 않고도 정통 발효종 빵을 만날 수 있는 작은 빵공장 퍼블리크에서 프랑스 현지의 맛을 느껴보자.

푸가스 퍼블리크 4300원
호두, 아몬드, 헤이즐넛, 무화과, 건포도 등 5가지 말린 과일과 견과류가 들어간 건강빵. 그밖에 올리브를 넣은 올리브 푸가스도 함께 판매하고 있다.

루스틱 드 퍼블리크 3500~5000원
빵 안쪽의 기공이 아름다운 통밀빵. 적당한 두께의 껍질 부분과 안쪽의 촉촉하고 부드러운 조직이 씹을수록 고소하다. 천연 발효종을 사용해서 생기는 약간의 시큼한 빵 맛이 풍미와 감칠맛을 돋운다.

마카롱 1300원
카페, 바닐라, 쇼콜라 등 3가지 종류의 마카롱을 판매하고 있다. 얇고 바삭한 껍질 안으로 쫀득하면서도 촉촉한 마카롱의 식감을 느낄 수 있고 크림과의 조화도 일품.

에끌레르 3500원
카페, 바닐라, 피스타치오, 쇼콜라 4가지 에끌레르를 판매하고 있다. 피스타치오 에끌레르는 크림이 조금 부드러운 편이긴 하지만 피스타치오의 진한 맛을 느낄 수 있어서 좋다. 카페 에끌레르 역시 진한 커피맛이 단맛을 중화시켜 에끌레르의 참맛을 잘 느낄 수 있다.

Tokyo Panya

일본 스타일의 빵이 가득
도쿄빵야

언제나 많은 사람들로 북적이는 가로수길 중심가에서 벗어나 한적한 골목길에 위치한 빵집이 있다. 이름은 도쿄빵야. 도쿄 시모기타자와에 있는, 미소빵과 카레빵으로 유명한 베이커리 '안젤리카'에서 근무한 야스마 후지와라 씨가 기술고문을 담당하는 곳이다. 이 말은 즉, 일본 안젤리카의 인기메뉴인 카레빵, 미소빵을 서울에서도 맛볼 수 있다는 말씀!

하얀색 격자무늬가 돋보이는 외관에 붉은색 어닝(천막)이 있고, 현관에는 큼직한 마네키네코(복이나 손님을 부르는 고양이 장식물)가 "이랏샤이마세(いらっしゃいませ, 어서오세요)" 하며 반갑게 인사하는 듯하다. 하얀 문을 열고 들어가면 편안한 원목으로 장식한 인테리어가 따뜻하게 보인다. 동글동글 통통하고 푸근한 모양의 빵들이 고양이에 이어 반갑게 반긴다. 쉴 새 없이 구워지는 빵들로 빵 굽는 냄새가 가득하다.

미소빵, 카레빵, 팥빵, 소라빵, 멜론빵 등 다양한 빵들이 원목 진열대에 나란히 전시되어 발길을 붙잡는다. 미소빵은 일본 안젤리카에서 하루에 천 개씩 팔려 나갈 정도로 인기 있는 빵이다. 일본을 방문했을 때 이 미소빵을 맛보기 위해 오랫동안 줄 서서 기다렸던 기억이 난다. 된장이 들어간 빵은 과연 어떤 맛일까? 호기심 반 기대 반으로 맛본 안젤리카의 미소빵은 한창 우리나라에서 인기를 구가하는 번의

 도쿄빵야
주소 서울시 신사동 543-8번지
전화 02-547-7790
영업시간 11:30~23:00
휴일 공휴일
교통 지하철 3호선 신사역 8번 출구 가로수길 입구에서 신사중학교 방향으로 도보 10분, 가로수길 아리따움 끼고 논현로151길 사거리 왼쪽에 위치

형태를 하고 있었고 정작 된장 맛이 나지 않았다. 고소한 소스가 끼얹어진 촉촉한 빵이 '나 된장스럽지 않지? 맛있지?'라고 말하는 듯했다.

서울에서 맛본 미소빵은 갓 구워져 나와 고소한 향을 풍기고, 속살은 부드러워 솜사탕처럼 입에서 녹았다. 일본에서 먹었던 미소빵맛 그대로를 재현해내고 있었다.

멜론빵은 우리나라 제과점에서 쉽게 볼 수 없는 일본 스타일의 빵이다. 모양이 멜론과 닮았다고 해서 멜론빵이라고 부른다는 설이 있고, '머랭'이라는 말을 잘못 발음해서 이름 붙였다는 이야기가 있다. 나는 멜론빵의 겉면이 거북이 등과 비슷해서 거북이빵이라고 부르고 있지만 말이다. 멜론빵은 한국의 소보로빵처럼 겉이 바삭바삭하고 속은 부드러운 것이 특징이다. 보통은 멜론향 에센스를 넣은 페이스트를 빵 반죽 위에 감싼다. 여기에선 여러 가지 베리에이션을 즐기는데 멜론빵, 딸기 멜론빵, 말차 멜론빵 등이 있어 선택의 폭이 넓다.

카레빵은 도쿄빵야의 인기 빵으로 말 그대로 카레가 듬뿍 들어간 빵이다. 카레빵을 한입 베어 물고 그 안을 들여다보면 속재료가 먹음직스럽게 들어 있다. 마침 갓 구워져 나온 빵을 먹었는데, 뜨끈한 야채와 고기 씹는 맛이 인상적이었다. 카레빵 겉면엔 빵가루가 뿌려져 있는데, 일반 제과점의 기름진 고로케 종류를 생각하면 오산이다. 기름에 튀기지 않고 빵가루를 뿌려 오븐에 구워내서 담백하다. 카레가 가득 담긴 담백한 고로케라고나 할까? 고기를 좋아하지 않는다면 버섯 카레빵을 주문하면 된다.

오픈키친이라 발효하고 성형하는 모습을 보는 것도 흥미롭고, 오븐에서 구워지는 모습을 보는 것도 하나의 재미다. 베이커리 카페 형태라서 빵을 구입해서 음료와 함께 먹는 자리가 마련되어 있다. 빵과 음료를 주문해서 자리잡고 앉아 친구와 대화를 나누는데 어디선가 낯선 일본어가 들려왔다. 고개를 돌려 보니 기술고문 셰프뿐만 아니라 빵을 만들고 굽는 직원 몇몇이 일본인이란 사실을 알게 되었다. 일본

스타일의 빵과 함께 도쿄빵야 안에 있으니 도쿄에 온듯한 느낌 100%! 일본 여행이 그립다면 일본인 셰프가 구워내는 일본식 빵을 먹으며 달래보는 건 어떨까? 일본에 가지 않고도 안젤리카의 인기 메뉴를 맛볼 수 있으니 말이다.

이곳의 또 하나의 특징은 빵뿐만 아니라 일본 현지 트렌드를 발 빠르게 메뉴에 반영하고 있다는 것. 일본의 케이크와 슈, 푸딩 등을 언제나 현지 스타일로 만날 수 있다. 가장 특색 있는 제품은 와플에 생크림을 충전해서 만든 '와플 롤케이크'와 밀가루 대신 쌀가루로 만든 '롤케이크'. 와플 롤케이크는 딸기 등 제철과일을 사용하며, 쌀가루 롤케이크는 밀가루와는 다른 식감으로 건강과 맛 두 가지 모두를 충족시켜 준다. 쌀가루 베이킹은 요즘 우리나라에서도 상당히 유행하고 있는데, 쫄깃한 맛을 선호하는 한국인에게 어필하고 있다.

가로수길점은 학동 본점에 이은 두 번째 지점으로, 본점보다 매장 규모가 더 크고, 베이커리 카페 형태라는 게 본점과의 차이점이다. 가로수길이나 학동 쪽으로 가기가 여의치 않을 때는 롯데백화점 강남점, 현대백화점 목동점과 무역센터점에 입점해 있으니 가까운 백화점 매장을 이용하는 것도 방법이다.

빵 5개 이상 구입 시 박스 선물 포장이 가능하고, 오전 11시부터 오후 4시까지 조각 케이크 한 개+원두커피 한 잔에 5000원 세트메뉴를 이용할 수 있다.

카레빵 2000원
카레가 가득 들어 있는 담백한 카레빵. 빵가루가 묻어 있는 부분은 바삭하고, 충전물도 제법 실하다. 은은하게 퍼지는 카레향이 일품이다. 튀겨내지 않아 칼로리 면에서도 안심이다.

찰떡 단팥빵 1800원
빵의 영원한 고전! 빵집의 삼총사(팥빵, 크림빵, 소보로빵) 중 하나. 안쪽에 말캉한 모찌가 들어 있다. 부드러운 빵과 달콤한 팥소, 쫄깃한 모찌가 재미있는 식감이다.

호두미소빵 2000원
일본의 전통장인 미소된장을 넣어 담백한 맛이 특징. 미소빵 소스를 끼얹은 겉면은 바삭하고 미소를 넣어 반죽한 빵결이 촉촉하다. 도쿄빵야의 인기 빵으로, 녹차와 잘 어울린다.

멜론빵 1500원
겉과 속이 다른 멜론빵. 겉면은 쿠키 반죽을 올려 구워 비교적 단단하고 달콤하며, 안쪽은 부드러운 결을 자랑한다. 속에 커스터드크림이 채워져 있어 풍부한 맛을 자랑한다. 말차 멜론빵은 말차 커스터드크림이 적당한 단맛으로 탄성을 자아낸다.

buccella

따끈따끈한 샌드위치가 있는 곳
부첼라

좀 오래된 일이지만 신사동 가로수길에 정말 맛있는 샌드위치집이 있다는 말을 듣고 친구와 찾아갔던 부첼라. 그 뒤로 서울에서 친구를 만날 때면 늘 가로수길 부첼라에서 브런치나 점심식사로 커피 한잔과 샌드위치를 먹고 다른 곳으로 향하곤 했다.

당시 가로수길에서 부첼라는 신대륙과도 같은 존재였다. 큼직하고 쫄깃쫄깃한 새하얀 치아바타빵 안에 풍성하게 들어 있는 신선한 속재료들, 그 재료들과 잘 어우러지는 유럽식 소스. 게다가 샌드위치를 주문하면 올리브오일과 발사믹으로 깔끔하게 맛을 낸 싱싱한 샐러드도 함께 나온다는 점이 우리뿐 아니라 많은 사람들로 하여금 부첼라 샌드위치의 유혹을 뿌리칠 수 없게 만들었다. 다른 샌드위치 매장과는 다르게 이곳은 치아바타빵을 직접 만들어 사용하고, 주문하면 그때그때 속재료를 만들기 때문에 갓 만든 따끈한 샌드위치를 맛볼 수 있어서 더 맛있었는지도 모르겠다. 부첼라(buccella)라는 말은 라틴어로 남에게 베풀기 위한 소박한 빵이라는 뜻이다. 좋은 재료로 만든 신선한 음식을 부담스럽지 않은 가격으로 손님들께 제공하려는 의미가 담겨 있다고 한다.

가로수길의 부첼라 매장은 몇 개의 작은 테이블이 다닥다닥 붙어 있는 협소한 공간이지만 늘 넘쳐나는 손님들로 붐비곤 했다. 점심시간에 맞춰 들르기라도 하면 30~40분 이상 기다리는 것은 기본이었을 정도. 매장 안으로 들어서면 카운터 너머

 부첼라
주소 서울 강남구 신사동 534-22 상원빌딩 1층
전화 02-517-7339
영업시간 11:00~22:00
휴일 연중무휴
교통 3호선 신사역 8번 출구 가로수길 103 매장 골목 안쪽 맞은편

주방에서 지글지글 굽는 소리와 냄새가 진동했고 테이블마다 가득 찬 손님들은 큼직한 샌드위치를 입에 넣기 바쁜 모습이었다.

부첼라에서는 매장 한쪽에 샌드위치용 빵인 치아바타를 시식용으로 비치해두어 먹고 싶은 만큼 덜어 먹을 수 있게 해두었다. 샌드위치뿐만 아니라 타르트나 케이크 등 몇 가지 간단한 베이커리 메뉴도 직접 만들어 판매하고 있다. 한쪽으로는 부첼라에서 만드는 치아바타 외의 여러 가지 빵 제품들도 판매하고 있고 구입해서 바로 먹고 갈 수도 있게끔 해 두었다.

몇 년 전부터는 대기업과 제휴하여 사업을 확장한 덕분에 신사동 가로수길 매장과 더불어 청담동, 도곡동, 삼청동, 분당, 홍대, 부산 해운대 등 여러 곳에 매장이 생겨나고 있다. 덕분에 여러 곳에서 맛있는 부첼라 샌드위치와 샐러드를 맛볼 수 있다. 하지만 왜 그런지는 몰라도 늘 들렀던 가로수길 매장만 찾게 된다. 낡은 듯한 간판과 빨간 외관이 익숙해서일까, 늘 찾던 장소가 더 편안해서일까. 서울에서 샌드위치가 먹고 싶어지면 여전히 부첼라로 발길이 향한다.

부첼라 8500원
저지방 햄 콜드 샌드위치로 부첼라에서 가장 기본이 되는 샌드위치. 기본이기 때문에 들어가는 재료는 다른 샌드위치와는 조금 다르게 약간 부실해 보일 수도 있지만 깔끔하고 담백한 맛을 좋아한다면 기본 샌드위치도 괜찮다.

킹프라운 9800원
데리야키 소스의 구운 왕새우가 들어 있는 먹음직한 샌드위치. 개인적으로 새우를 아주 좋아해서 갈 때마다 이 메뉴를 꼭 주문한다. 큼직한 새우의 쫄깃함과 부드러운 치아바타, 달콤한 소스가 잘 어우러져서 보기에는 양이 많아 보이지만 주문했던 샌드위치 한 접시를 금새 비우고 만다.

쏘몽 9800원
이름 그대로 연어를 주재료로 하는 샌드위치. 크림소스로 구운 훈제연어가 듬뿍 들어가 있다. 연어를 좋아하지 않는 사람이라면 꺼릴 수도 있겠지만 연어를 좋아하는 절친한 친구는 쏘몽 샌드위치를 입이 마르도록 추천한다. 따끈따끈 구워져 나오는 연어와 크림소스가 꽤 맛있다.

pain de papa

아빠가 만들어주는 빵
뺑 드 빱바

건강은 기본이고 환경보호를 추구하는 '도덕적 소비'가 글로벌 소비 트렌드로 자리 잡으면서 유기농 재료로 만든 유기농 제품이 주목 받고 있다. 최근에는 유기농 빵을 만드는 베이커리에도 사람들이 많은 관심을 보이고 있다. 빵에 대한 생각이 간식에서 주식으로 변하고 웰빙(참살이) 열풍까지 더해지면서 소비자가 몸에 좋고 자극적이지 않은 빵을 선호하게 된 것이다. 화학첨가물을 넣지 않고 유기농 재료를 사용하여 즉석에서 빵을 만들어 판매하는 곳이 있다. 바로 '아빠의 빵'이라는 뜻의 유기농 전문 베이커리 '뺑 드 빱바'다. 상호처럼 듬직하고도 믿음직스러운 아빠의 마음을 담아 빵을 만드는 곳이다.

이곳은 신사동 가로수길 인근에 위치한 내공 있는 윈도우 베이커리로, 오랜 시간 동안 빵을 만들어온 이호영 셰프가 오픈한 곳이다. 그는 새벽 3시부터 유기농 밀가루로 반죽을 만들고 직접 빵을 굽는다. 방부제를 쓰지 않아 하루 동안 팔리지 않고 남은 빵은 전량 폐기처분한다.

10평 남짓 되어 보이는 숍으로, 가정집 인테리어를 살려 오래되고 온화한 분위기를 낸다. 벽면의 노란색을 메인 칼라로 인테리어를 해서 따뜻한 느낌이다. 계산대 뒤로 작업실 내부를 볼 수 있는데 커다란 오븐과 작업대가 인상적이다. 정기적으로는 아니지만 가끔씩 빵 수업도 진행하고 있다고 한다.

벽면에 만들어 놓은 검은 프레임의 진열대가 특이하다. 그 안에는 새벽부터 만들어져 나온 노릇노릇한 빵들로 가득하다. '시적인 호밀빵이야~' '궁금해 궁금해, 속이 궁금해!' '고구마야 빵이야~' 등등 빵을 재미있게 표현한 제품명을 읽어 내려가는 데 미소가 저절로 지어진다. 참신한 아이디어가 돋보이는 이름들이다.

고소한 냄새가 가득한 이곳에서는 정통 유럽빵(이스트 양을 줄이고 중종을 발효시

 뺑 드 빠바
주소 서울시 강남구 신사동 548-5 1F
(현대빌딩 106호)
전화 02-543-5232
영업시간 09:00~21:00
휴일 일요일
교통 신사역 8번 출구 신사동 주민센터 부근

켜 만든 빵)인 하드계열의 빵과 조리빵 등을 판매한다. 시간과 정성이 많이 들어가지만 다른 곳과 빵맛이 차별화되고, 자연재료인 만큼 안심할 수 있다.

호밀이나 보리를 넣은 하드계열 빵은 맛에 특징이 없는 빵으로 인식되기 쉬운데, 일반인들에게 접근하기 쉽도록 반죽에 건조과일(오렌지필, 레몬필)을 넣어 쫄깃하게 씹히는 식감을 줄뿐 아니라 새콤한 맛을 더해주었다. 커다란 크기의 누룽지 깜빠뉴는 바삭바삭한 껍질과 쫄깃한 속, 시큼한 향과 맛이 씹을수록 고소한 풍미를 낸다. 꽁알꽁알 브리오슈는 버터의 부드러운 맛과 고소한 향을 느낄 수 있는 빵이다. 그밖에 통통 튀는 이름에 걸맞은 색다르고 재미난 빵을 많이 만날 수 있다.

오픈키친에서 빵을 만들고 방금 구운 빵을 진열해 판매하는 방식으로, 신선한 제품을 그 자리에서 즐길 수 있어 손님들의 반응이 좋다. 커피를 주문해 빵과 함께 먹을 수 있는 테이블도 마련되어 있다. 또한 이곳에서 직접 담그는 특색 있는 과일잼은 놓치지 말아야 할 아이템이다.

따뜻한 마음을 담아, 정성을 담아 완성되는 뺑 드 빱바의 빵에는 왠지 모를 훈훈한 온기가 느껴진다.

취하진 않아요! 흑맥주빵 4500원
흑맥주와 호두가 들어간 구수한 빵으로 향긋하고 담백한 맛이 일품이다.

궁금해 궁금해, 속이 궁금해! 1500원
고구마와 견과류가 들어간 색다른 러스트

자연의 신비, 르뱅 바게트 3500원
밀가루와 물 그리고 공기가 혼합된 '르뱅'이라는 천연 발효종으로 만들어 소화가 잘되고 풍미 또한 좋다.

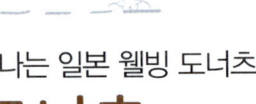

명동에서 만나는 일본 웰빙 도너츠
하라도너츠

일본에서 웰빙 도너츠로 인기몰이하고 있는 하라도너츠가 서울 명동에 상륙했다. 처음에 사진으로 보게 된 명동 매장은 인테리어는 물론이고 패키지까지 일본 그대로 재현해내고 있어 처음엔 놀랍고 반가웠다. 일본에 가지 않고도 담백한 하라도너츠를 즐길 수 있다는 기대로 한걸음에 달려갔다.

일본의 하라 도너츠는 고베에서 50년간 두부를 만들어온 '하라 두부'라는 가게에서 두유(콩물)와 비지를 공수해와서 도너츠를 만든다. 그래서 그 두부가게의 이름을 따와 매장 이름도 하라도너츠가 된 것이다. 서울에서는 두유와 비지를 어떻게 준비하고 있는지 물어보았더니 고베의 하라 두부와 가장 비슷한 맛과 텍스쳐의 두부를 만들어내는 콩 재배지를 찾아 전국을 찾아 헤매었다는 말씀! 그러니까 명동의 하라도너츠는 국내산 두유, 비지, 통밀이 하모니를 이뤄낸 정성 가득한 맛인 것이다.

가장 인기 있는 제품은 하라도너츠 오리지널이다. 버터와 우유 대신 두유와 비지로 만들기 때문에 집에서 엄마가 만들어주는 도너츠처럼 느끼하지 않고 담백하다. 기본 도너츠 외에 재료를 다양화해서 갈 때마다 새로운 도너츠를 만날 수 있다. 내가 방문한 날에는 고구마, 시금치, 단호박 등의 재료로 만든 도너츠를 만날 수 있었다. 물론 테이크아웃도 가능해서 박스나 귀여운 룩백에 담아준다.

좁은 계단을 통해 2층으로 올라가면 일본풍으로 꾸민 아담한 카페 공간이 펼쳐진

 하라도너츠
주소 서울시 중구 명동 7길 20번지
전화 02-733-3780
영업시간 10:00~22:00
휴일 연중무휴
교통 명동 예술극장과 신한 은행 사이 골목 직진, 오른쪽에 위치

다. 의자나 소품 등이 일본 매장의 것과 비슷해서 물어보니 테이블, 의자, 소품, 컵, 접시까지 일본 하라도너츠에서 사용하는 그대로 똑같이 공수해 왔다고 한다.

편안한 분위기에 다양한 메뉴를 갖추고 있는 하라도너츠는 친구와의 약속장소로 알맞은 카페다. 음료와 오리지널 도너츠 외에도 다양한 도너츠를 즐기며 편안하게 이야기를 나누는 사람들의 모습들이 그걸 증명하고 있었다. 하라도너츠이 인기 있는 이유는 맛은 기본이고 두유, 콩비지, 통밀 등으로 반죽하여 건강을 생각한다는 점. 그리고 방부제, 보존료 등 식품첨가제를 사용하지 않아 안심하고 먹을 수 있다는 점 때문일 것이다. 요란하게 꾸미지 않은 도너츠의 모양이 친근하고 정겨움을 불러일으킨다. 또한, 깔끔하고 아기자기한 인테리어도 사람들에게 어필하는 데 한몫했을 것이다. 건강한 이미지의 하라도너츠가 복잡한 명동에서 편안한 카페로 자리매김할 것으로 예상해본다.

하라도너츠 오리지널 1200원
버터와 우유가 아닌 고단백 두유와 콩비지를 넣은 도너츠. 소박하고 정겨우면서도 따뜻한 정성이 담긴, 자기 맛이 확실한 도너츠다.

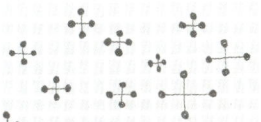

검은콩 1500원
국내산 검은콩만을 엄선하여 만든다고 한다. 기름에 튀겼음에도 담백하고 고소하다.

진저레몬 1500원
담백한 도너츠에 달콤한 레몬 진저 아이싱이 새콤하게 어울린다.

사탕수수 1300원
사탕수수로 만든 적설탕을 입혀 자연 그대로의 미네랄이 들어 있다. 달콤한 맛을 좋아하는 사람에게 추천.

두유믹스 4500원
두유에 바나나, 파인애플, 오렌지 등 과일을 함께 갈아 넣은 것으로 한 잔만 마셔도 든든하다.

Take Urban

매력적인 빵 뷔페
테이크 어반

유동인구가 가장 많은 지역으로 손꼽히는, 강남역에서 논현역으로 이어지는 거리. 사실 서울에 살지 않는 나로서는 강남역에서 약속이라도 할라치면 만날 장소가 마땅히 떠오르지 않을 때가 많다. 그럴 때마다 부담 없이 갈 수 있는 빵집을 선택하곤 하는데 그곳이 바로 논현역 교보타워 사거리 맞은편에 있는 테이크 어반이다.

논현역 테이크 어반은 서울시 건축상 대상을 수상한 김인철 건축가의 설계로 만들어진 어반 하이브 빌딩 1층에 위치해 있다. 강남역 부근에서 가장 독특하고 아름다운 건물로도 꼽히는 어반 하이브 빌딩은 벌집처럼 수많은 구멍이 뚫려 있는 독특한 외관을 자랑한다. 그곳 1층의 테이크 어반은 이름에서부터 빌딩과 절묘하게 조화를 이루고 전체적인 빌딩 분위기와도 잘 어울리는 느낌의 매장이다.

테이크 어반은 압구정과 강남역에 매장 두 곳을 운영하고 있다. 테이크아웃 커피숍이긴 하지만 다른 프랜차이즈 카페와는 달리 유기농 커피와 차를 주로 판매한다. 물론 테이크 어반의 가장 큰 매력이라면 맛있고 건강한 빵들을 판매하고 있다는 점이다. 커피와 함께 먹는 빵이 한 끼 식사로도 손색이 없어서 바쁜 현대를 살아가는 직장인들에게 특히 사랑받고 있다.

이곳에서 가장 손님이 많은 때는 역시나 이른 오전에 빵 뷔페를 즐길 수 있는 '스마일 타임'이다. 평일 오전 8시부터 9시 30분까지, 주말에는 10시까지 운영하는 빵 뷔

 테이크 어반
주소 서울시 강남구 논현동 200-7
전화 02-519-0001
영업시간 8:00~24:30
휴일 연중무휴
교통 9호선 논현역 3번 출구

페에서는 모든 드링크 메뉴 가격에 800원이라는 약간의 금액만 추가하면 테이크 어반의 여러 가지 빵을 마음껏 맛볼 수 있다. 특히나 이 스마일 타임에는 내가 가장 좋아하는 올리브빵을 무제한으로 마음껏 먹을 수 있다는 것에 높은 점수를 주고 싶다. 순전히 개인적인 취향이지만 말이다.

그 밖에도 프레첼빵, 옥수수빵, 허브빵, 잉글리쉬머핀, 곡물빵 등 7~8가지 다양한 베스트셀러 메뉴를 맛볼 수 있다. 예전에는 손님들이 직접 빵을 자유롭게 가져다가 맛볼 수 있었는데 요즘에는 직원의 도움으로 빵을 담아오는 시스템으로 바뀌었다. 그럼에도 빵 뷔페라는 시간은 빵을 너무나 좋아하는 나 같은 사람들에게 뿌리치지 못하는 유혹이다. 스마일타임에 조금 늦게 도착해서 자리가 없을 때에는 포장도 가능하다. 하지만 앉아서 먹을 때처럼 무제한으로 맛보기는 어렵다. 포장일 경우에는 3가지 빵만 포장이 가능하다고.

강남역 테이크 어반이 빌딩가에 위치해 있어 평일에 직장인 손님이 많지만 주말에는 가족단위로 들르는 손님도 많아서 오전 시간이면 언제나 문전성시를 이룬다. 빵을 좋아하는 사람이라면 조금 부지런을 떨어서 여러 가지 빵을 맛볼 수 있는 테이크 어반의 스마일 타임에 꼭 들러보길 추천한다.

올리브빵 1700원
쫄깃쫄깃한 식감으로 짭조름한 올리브가 씹히는 새하얀 올리브빵. 어릴 적에는 까만 올리브가 씹히는 맛을 싫어했지만 이곳의 올리브빵을 맛본 뒤로는 자주 사 먹기도 하고 집에서 빵을 만들 때에도 올리브를 종종 넣는다. 테이크 어반에 들르면 빼놓지 않고 구입하는 빵.

어니언 포카치아 3500원
양파를 듬뿍 넣어 진한 양파 향이 제대로 느껴지는 폭신한 포카치아. 리치한 식감이 포만감을 주고 식사대용으로 아주 좋다.

스마일타임 빵 뷔페
(모든 음료메뉴 가격+800원 추가)
평일 오전 8시~9시 30분, 주말에는 오전 8시~10시까지 빵이 뷔페식으로 제공된다. 이른 오전 시간이지만 손님들도 언제나 붐빈다. 처음부터 지나친 욕심에 여러 가지를 다 가져오면 정작 먹고 싶은 빵을 놓칠 수도 있다. 본인 입맛에 맞는 빵을 집중 공략해보자.

Paul & Paulina

프랑스식 베이커리
폴 앤 폴리나

홍대 정문 앞 네스프레소 골목에서는 줄 서서 기다리며 빵을 구입하는 사람들을 심심치 않게 볼 수 있다. 바로 '폴 앤 폴리나'라는 빵집 때문이다. 대형 프랜차이즈 업체들에 맞서 밀리지 않고 선전하는 프랑스식 베이커리로, 홍대 앞 핫플레이스다.

매장은 특별히 인테리어에 공을 들였다는 느낌은 나지 않는다. 그 흔한 소품도 없다. 매장 안쪽의 오븐, 쉴 새 없이 구워지는 빵이 전부다. 화려하거나 특징적인 인테리어도 없이 영업한다는 것은 무슨 자신감일까? 계산대 앞에서 기다리는 사람들의 행렬이 줄을 잇게 하는 비결은 무엇일까? 답은 바로 빵맛에 있다. 빵 반죽을 저온에서 장기간 발효 숙성하여 부드럽고 촉촉한데, 바로 이 빵맛이 사람들을 그토록 줄 서면서까지 사가게 하는 것이다. 여기에 적극적인 시식코너도 한몫한다.

폴 앤 폴리나의 빵들은 전체적으로 담백하고 촉촉하고 맛있는데 그 중 스테디셀러는 화이트 치아바타. 치아바타는 이탈리아어로 슬리퍼라는 뜻으로, 납작하게 생긴 모양이 특징이다. 다른 빵에 비해 임팩트가 강하지 않지만 올리브유로 반죽하고 장기 발효하여 건강하게 만든다. 쌀 문화권인 한국인들이 좋아할 만한 쫄깃한 맛이 인기의 비결이다. 하드계열의 큼직한 깜빠뉴는 시골빵이라고 불리기도 하는데, 이 덩어리 빵은 발사믹 오일에 찍어 먹거나 식빵 대용으로 먹기 좋다. 겉은 바삭하고 빵결은 촉촉하다. 꼭꼭 씹을수록 밀가루의 담백함을 고스란히 맛볼 수 있다. 크기가 크

다면 하프(1/2)로도 살 수 있다. 크루아상도 꼭 맛보자. 볼륨이 좋고 가벼우며 결도 훌륭하다. 식감이 부드럽고 촉촉하며 고소한 맛이 입안에 가득 퍼진다. 한입 베어 물 때마다 가루가 떨어지는데, 그만큼 얇고 바삭하다고 온몸으로 말하고 있다.

그밖에 프랑스 전통 식사빵으로서 고소한 맛을 즐길 수 있는 갈색의 바게트 그리고 장시간 발효한 빵으로서 갈색 바게트보다 부드럽고 쫀득한 맛을 내는 화이트바게트,

폴 앤 폴리나
주소 서울시 마포구 서교동 344-6 1F
    (칼리오페빌딩 102호)
전화 02-333-0185
영업시간 12:00~19:00(제품 소진 시까지)
휴일 일요일, 첫째주 월요일
교통 홍대입구역 9번 출구에서 도보 10분,
    홍익대학교 앞
홈페이지 paulnpaulina.co.kr

스콘, 허브빵들도 맛볼 수 있다. 오픈키친으로 빵을 분주하게 만드는 모습을 가까이서 볼 수 있다. 정직하고 위생적으로 반죽을 다루는 모습을 직접 보여줌으로써 손님들과의 신뢰를 쌓아가고 있었다.

일사분란하게 움직이는 스태프들의 움직임이 경쾌하고 좋다. 전반적으로 제품의 가격이 싸지는 않지만 빵 맛을 본다면 분명 수긍하고 말 것이다. 조금 아쉬운 점이 있다면 매장에서 구매한 빵을 그 자리에서 바로 맛볼 수 없다는 것. 크루아상 등의 페이스트리 종류는 봉지 속에서 습기를 머금으면 눅눅해져버려 바삭함이 줄어든다. 갓 구워진 바삭한 식감, 코를 자극하는 고소한 향…. 결국 유혹을 이기지 못하고 구입하자마자 봉투에 손을 넣어 이내 입으로 가져가게 된다. 홍대 길 한복판에서 말이다. 신선한 제품을 만들어 고객들에게 신뢰를 얻고 있는 빵집. 다소 작은 규모의 매장에서 여러 명의 스태프들이 분주히 일하고 있는 이유를 짐작할 수 있다. 인터넷 사이트를 운영하고 있어서 미리 예약 주문을 해 놓으면 바로 픽업할 수 있다. 냉동생지 빵 맛에 길든 소비자들이 갓 구워낸 신선한 빵을 맛보고 좋아할 수밖에 없다. 어느 개그맨의 외침처럼, 폴앤 폴리나 포에버!

화이트 치아바타 2500원
쌀 문화권인 한국인에게 어필하는 쫄깃함이 이 빵의 매력. 갈색 치아바타보다 부드럽고 담백하여 샌드위치를 만들기에 좋은 빵이다.

크루아상 2800원
초승달 모양의 결이 살아 있는 볼륨 만점의 빵으로 겉의 크러스트는 바삭하며 속은 아주 부드럽고 버터의 풍미가 느껴진다.

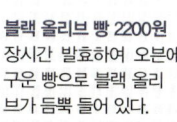

블랙 올리브 빵 2200원
장시간 발효하여 오븐에 구운 빵으로 블랙 올리브가 듬뿍 들어 있다.

화이트 바게트
4000원 / Half 2500원
프랑스 전통 식사빵. 고소한 맛을 즐길 수 있다.

오감을 자극하는 슬로우푸드 빵집
브레드 05

여의도에서 오랫동안 '브랑제리 르와르'라는 베이커리숍을 운영해오던 강원제 셰프가 홍대 부근에 보금자리를 잡은 브레드 공오(05). 상호가 독특했는데, 다섯 가지 발효종으로 5일 동안 발효시켜 만든 슬로우푸드이기에 지은 이름이라고 한다. 막걸리로 발효시킨 주종, 레몬으로 발효시킨 레몬종, 건포도로 발효시킨 건포도종, 쌀로 만든 호시노종, 호밀가루로 발효시킨 사워종, 이렇게 다섯 가지 천연효모를 사용해 닷새 동안 도닥도닥 정성스럽게 발효시켜 빵을 구워낸다. 대형프랜차이즈의 천편일률적인 빵과는 다른, 5일 동안 느리게 여러 가지 발효종으로 발효된 빵맛은 과연 어떨까 너무나 궁금했다.

브레드 공오는 상수역이나 합정역 부근에서 가깝다. 홍대 거리를 골목골목 찾아 돌아다니다 보면 보물찾기하듯 숨겨진 맛집을 발견하곤 하는데 브레드 05도 그런 매력이 있는 아담한 가게다. 외관은 따뜻한 느낌의 목재로 꾸며져 있고 오렌지 컬러의 기와가 인상적인, 반지하 형태의 숍이다. 작은 계단 몇 개를 걸어 내려가 나무로 된 문을 열면 고소한 빵 냄새가 확 밀려온다. '아, 여긴 정말 빵만을 구워내는 온전한 빵집이구나!' 하는 생각이 든다. 가장 먼저 눈에 들어오는 것은 매장 가운데에 있는 빵 진열대다. 철재나 플라스틱이 아닌 따뜻한 색의 진열대가 아기자기하고 따듯한 느낌이다. 진열대뿐 아니라 몽시리즈라는 빵을 올려놓은 계단형 트레이도 원

목이다. 기성제품에서 이렇게 멋진 아이디어의 계단형 트레이를 본적이 없기에, 분명 목공소에서 맞추었을 것이다. 빵을 올려놓은 트레이도 원목이고, 장식도 빈 병을 활용한 빈티지 인테리어로 소박하게 꾸며 놓았다. 전체적으로 원목으로 꾸며진 인테리어가 자연친화적이라는 인상을 준다. 나무결의 자연스러움과 따뜻한 조명이 잘 어우러지고 아기자기하고 포근한 느낌의 소품들이 구석구석 편하게 놓여 있어 조금은 특별한 빵집으로 보이기에 충분하다.

매장에 바 형태로 먹고 갈 수 있는 자리가 마련되어 있는 점도 만족스러웠다. 여기서는 맛있는 빵뿐만 아니라, 간단한 커피와 다른 음료를 판매하고 있으며 여름 한정으로 빙수를 판매하기도 한다.

브레드 05
주소 서울시 마포구 서교동 408-25
전화 070-7656-9905
영업시간 화~일 8:00~22:00
휴일 월요일
교통 지하철 6호선 상수역 1번 출구 도보로 10분

프랑스 스타일의 빵을 선보이면서 제철재료(예를 들어 오디잼의 오디)나 국산 식재료(앙버터의 통단팥, 츠노의 참깨, 쑥식빵의 쑥, 현미식빵의 현미, 칠곡빵의 칠곡)를 찾아 제품에 적용하는 모습이 인상적이다. 특히 오디, 쑥 같은 건강한 식재료는 발효종을 사용해서 건강빵을 만든다는 브레드 공오의 이미지와 아주 잘 어울린다.

천연발효종으로 천천히 빵을 굽고, 건강한 재료를 제품에 적용하는 모습 외에 브레드 05에서 찾을 수 있는 또 한가지는 손님에 대한 배려이다. 1~2인 가구가 늘어남에 따라 큰 사이즈의 빵을 구입하기 부담스러운 사람들이 많은데 이곳에서는 빵을 두 가지 사이즈로 구성하고 있어 제품 선택의 폭을 넓혔다. 하루종일 빵 굽는 냄새로 오감을 자극하는 브레드 05. 천연효모로 5일간의 정성을 담은 슬로우 브레드를 먹으러 자주 들르고 싶은 집이다.

앙버터 3500원
주종으로 만든 치아바타를 반 가른 후 수제 통단팥과 버터를 도톰하게 넣었다. 담백한 치아바타, 달콤한 수제팥, 고소한 버터의 삼박자가 잘 어우러진다.

치즈 프랑스 2500원
주종으로 발효시킨 반죽에 쌀가루를 토핑해 구운 빵으로 고소한 맛을 느낄 수 있다. 겉껍질은 바삭하고 속은 결이 살아 있어 부드럽다. 반죽에 치즈를 넣어 빵의 촉촉함과 치즈의 쫄깃하고 고소한 맛이 어우러진다.

몽시리즈
사과 3000원, 바나나 2500원, 고르곤졸라 2500원
상당히 부드럽고 촉촉한 빵결을 자랑한다. 건포도종을 사용한 사과와 바나나, 주종을 사용한 고르곤졸라 세 가지 종류가 있다. 조각으로도 판매하니 홀(whole)이 부담스럽다면 조각으로 구입하면 된다.

츠노 1800원
막걸리를 발효시켜 만든 주종을 이용한 뿔 모양의 빵. 깨가 들어가 고소하고 씹는 재미가 있다. 검은깨와 흰 참깨 두 가지 맛.

Bread Lab

빵을 연구하는 카페형 베이커리
브레드 랩

회색의 빌딩숲 여의도에서 고소한 빵 냄새가 나는 곳이 있다. 바로 빵 연구소라는 브레드 랩. 맛있는 빵으로 여의도 일대에서 유명해진 브래드 피트(Bread Fit)에서 빵을 만들던 유기헌 대표가 새롭게 선보이는 빵집이다. 르 꼬르동 블루와 동경제과학교에서 수학한 유기헌 대표는 빵에 대한 열정과 애정으로 이곳을 오픈했다고 한다. 회사가 많고 유동인구가 많은 지하철 국회의사당역 부근에 위치한 브래드 랩은 여느 빵집들과는 다른 외관을 하고 있다. 빵집으로 사람들에게 어필하기까진 시간이 좀 걸리는 곳이지만, 맛집을 찾는 미식가들에겐 꽤 반가운 장소다.

외관은 전체적으로 차분한 분위기다. 매장 안에 들어서자 전면 통유리를 통해 들어오는 햇살이 평화로운 분위기를 자아낸다. 넓은 공간에 빵과 음료를 즐길 수 있는 카페가 준비되어 있고 한쪽에는 갖가지 빵들로 가득 찬 쇼케이스가 있다. 브래드 피트에는 테이블이 몇 개 없어 자주 테이크아웃을 해가야 했는데, 브래드 랩에는 카페 공간이 비교적 넉넉하다. 자연스러운 느낌의 나무색 테이블과 의자 여러 개가 놓여 있고, 빛이 잘 드는 창가에도 의자를 두었다. 창가 자리는 자연광을 마음껏 받으며 차 한 잔 마시기에 좋은 편안한 공간이다. 매장의 상호, 프레임, 주방 등을 갈색과 녹색으로 꾸몄고 안쪽 작업공간도 오픈되어 있으며, 내부 천장이 높아 답답하지 않다. 전체적으로 군더더기 없이 깔끔하게 꾸며졌다.

이곳은 브레드 카페라는 새로운 개념(디저트와 음료 대신 빵과 음료를 취급하는 카페)의 매장으로 소비자에게 다가갔다는 게 참신하다. 카페 문화에 익숙해져 있는 내가 자연스럽게 빵 문화를 익힐 수 있게 되었으니 말이다. 카페형 베이커리라 많은 빵 종류 외에 빙수와 음료 등이 준비되어 있다. 특히 커피가 수준급으로 에스프레소, 카페라떼, 카라멜 마키아또 등을 즐길 수 있다. 고소한 우유도 준비되어 있다. 음료 메뉴 중에서는 파인애플 라씨, 복숭아 라씨, 아포가또, 팥빙수가 인기제품이다.

 브레드 랩
주소 서울시 영등포구 여의도동 정우빌딩 13-25
전화 02-782-0501
영업시간 08:00~20:00
휴일 일요일
교통 9호선 국회의사당 3번 출구로 나와 국민은행
  골목으로 직진하다가 던킨도너츠 끼고 우회전
홈페이지 www.breadlab.co.kr

빵과 음료뿐만 아니라 다양한 샌드위치도 준비되어 있다. 빵 본연의 맛을 잃지 않기 위해 안쪽 재료는 최대한 심플하게 들어간다고 한다. 아침 8~11시까지 샌드위치와 아메리카노 세트메뉴(5000원)가 준비되어 인근 직장인들에게 인기가 있다.

이곳의 빵이 사랑을 받는 이유는 맛은 물론이고 제품에 정성이 묻어나기 때문이다. 브레드 랩에서 만드는 모든 빵에는 방부제 개량제, 유화제 등 화학 식품첨가물을 일절 사용하지 않았기 때문에 당일에 먹는 게 가장 좋다고 한다(특히 크림이 들어간 빵). 재료에 충실해서 정성스럽게 만든다는 기본을 지키고 있다. 무리해서 많은 제품을 만들어두면 갓 구워낸 신선한 맛을 유지하기 어렵기 때문에 소량씩만 만들고 당일 판매를 원칙으로 한다. 하얀 호빵같이 생긴 우유크림빵이 특히 유명한데 한번 맛보면 브레드 랩의 영원한 마니아가 되어버린다. 좋은 빵과 좋은 재료가 만나면 특별히 무엇을 하지 않더라도 좋은 맛이 나온다.

삭막한 빌딩 속 따뜻한 연구소로, 또 편안한 휴식공간으로 오랫동안 자리잡길 기대한다.

팥빙수 4000원
컵에 담겨 나오므로 혼자서도 맛있는 컵 빙수를 즐길 수 있다. 겉모습은 일반 빙수와 다를 바 없지만 안에 녹차 커스커드 크림과 러스트가 들어 있다. 차가운 얼음, 직접 조려낸 달콤한 단팥, 부드러운 녹차크림, 바삭한 러스크. 정말 잘 어울리는 조합이다.

우유크림 빵 1300원
브레드 랩의 대표메뉴로 뽀얗고 포동포동한 하얀 빵 안에 달콤한 우유크림이 가득 들어 있다. 말랑말랑하고 부드러워 어른이나 어린이 모두에게 어필하는 인기 빵이다.

녹차 데니쉬 3000원
고소한 페이스트리에 쌉싸래하면서 진한 말차크림과 달콤한 팥이 들어있다.

Retrooven

과거로의 회귀를 꿈꾸는 식사빵
레트로 오븐

빵집이 오로지 빵만으로 소비자에게 어필할 수 있을까? 대답은 예스다. 요즘의 베이커리들이 대부분 빵과 음료를 판매하는 카페 형태를 띠고 있는데 반해 레트로 오븐은 오로지 빵만을 판매하는 순수한 빵집이다. 재료에 대한 정직함과 건강함으로 무장한 윈도우 베이커리 레트로 오븐을 소개한다.

학동초등학교 근처에 있던 레트로 오븐이 강남구청역 논현동으로 이전, 새롭게 문을 열었다. 원목의 바닥과 책장이 따뜻하고 안락한 느낌을 준다. 원목 인테리어는 유기농 밀로 만드는 레트로 오븐의 빵이 가진 건강한 이미지를 잘 전달하고 있다.

이전하기 전 매장과 인테리어나 분위기는 거의 같다. 예전 매장에서 빵을 손가락처럼 표현한 로베르 두아노의 피카소 사진이 참 인상적이었는데, 이전한 매장에도 그 사진이 그대로 걸려 있다. 빵으로 장식해 놓은 벽면도, 작은 원저 체어도 그대로다. 또 변하지 않은 게 있다. 정말 맛있는 빵맛과 무척이나 친절한 직원들이다.

예전 매장에서는 빵을 기다리는 사람들을 위해 메밀차를 준비해두었는데, 이곳에서는 루이보스티를 핫/콜드 두 가지로 준비해 놓았고, 곁들여 먹을 수 있는 잼과 발사믹 식초를 넣은 올리브오일도 작은 테이블에 두었다.

매시간마다 쇼케이스에 새로 구워지는 신선함 가득한 빵들이 들어찬다. 같은 빵이라도 신선하게 내기 위해 하루에 여러 번 굽는 수고를 아끼지 않는다고 한다. 빵 자

 레트로 오븐
주소 서울시 강남구 논현동 254-22(대부빌딩 1층)
전화 02-544-9045
영업시간 12:30~19:00
휴일 월요일, 일요일, 공휴일
교통 7호선 강남구청역 2번 출구 도보 5분
홈페이지 club.cyworld.com/retrooven

체가 주는 기본적인 맛에 은은한 발효향이 돋보이는 빵들로 가득하다. 부드러운 치아바타나 투박하지만 담백한 깜빠뉴가 대표적이다. 저온숙성으로 5시간 발효시켜 쫄깃한 질감의 식빵도 맛볼 수 있다. 레트로 오븐에서는 특이한 모양의 브레첼도 만나볼 수 있다. 브레첼(Brezel)은 독일 남부지방의 빵으로, 한 제빵사가 실수로 빵 반죽을 잿물에 빠트렸는데 이 반죽으로 구우니 밝은 밤색의 멋진 색의 빵이 나와 인기를 얻게 되었다고 한다. 브레첼은 미국으로 건너가면서 프레첼(Pretzel)이라는 과자가 되었다.

긴 시간 저온에서 발효하는 빵들은 모양과 향과 맛이 자연이 만든 음식이라는 느낌을 준다. 레트로 오븐은 유럽 식사빵을 추구한다. 여러 가지 노력으로 식사빵으로 손색없는 맛을 최대한 살리고 있다. 빵이 주식인 유럽과는 달리 간식으로 빵을 먹는 한국 사람들에게 프랑스식 빵은 아직 생소하지만 레트로 오븐의 모든 빵이 밥을 대신할 만큼 좋고 소화도 잘 된다. 담백함 속에 밀이 당분으로 느껴지는 달콤함, 껍질의 바삭함과 고소함, 이 모든 것이 하나가 되어 기억에 오래 남는 빵들이다.

브레첼 2500원
브레첼은 독일 남부지방의 빵으로 밝은 밤색의 빵 위에 굵은 흰소금이 드문드문 붙어 있는 게 특징이다. 8자형의 특이한 모양을 하고 있다. 바삭거리고 씹는 맛이 재미있다. 무염버터를 발라 넣어 고소함을 더했다.

라우겐 크루아상 2800원
크루아상의 모양을 하고 있지만 크루아상과 같은 맛일 거란 생각은 오산이다. 버터의 고소함과 흰소금의 짭조름함이 어우러져 중독성이 강한 맛이다. 자꾸만 생각나는 레트로오븐의 베스트셀러.

통밀빵 3800원
통밀로 만든 빵으로 해바라기씨, 아마인씨, 오트밀 세 가지 곡물이 토핑된 건강빵이다.

Guillaume

서울에서 즐기는 프랑스 정통 빵집
기욤

이국적인 느낌을 풍기는 핑크색 외관이 지나가는 사람들의 발길을 붙잡는다. 제과점 단골 컬러인 갈색이 아닌 핑크색이 조금 더 특별해 보인다. 베이커리 카페 기욤의 정식 이름은 '기욤 르 빵 베리타블르(Guillaume le pain veritable)'다. 르 빵 베리타블르는 정통 빵이라는 말로, 프랑스 정통 빵집 기욤이라는 긴 뜻의 빵집이다.

기욤의 대표 기욤 디에프반스씨는 고속철도 KTX를 건설할 당시 시스템 엔지니어로 한국에 머물다가 한국에 진짜 프랑스 빵이 어떤 것인지 알리고 싶다는 생각으로 베이커리 카페를 열게 되었다고 한다.

그는 프랑스 정통 빵맛을 위해 여러 가지로 노력하고 있다. 그 첫 번째가 오랫동안 현지에서 빵을 구워온 장인 티에리 보드(Thierry Baude) 씨를 영입하여 빵을 만들어 내고, 맷돌로 가는 것과 유사한 방식인 스톤 그라운드(stone ground) 분쇄를 통해 만드는 프랑스 밀가루를 수입해서 사용하는 것이다. 밀가루뿐 아니라 빵을 만드는 주요 재료 역시 프랑스에서 수입한 것을 사용한다. 두 번째 노력으로는 재료뿐 아니라 만드는 방법도 프랑스 방식을 고집하는 것이다. 참나무로 불을 지펴 화덕 오븐에서 빵을 구워낸다. 화덕에서 구워내는 빵맛이 특히 좋은데, 고온에서 단시간 구워내기 때문에 빵 반죽 속 수분이 빠져나가지 않아 촉촉하고, 고온에서 구워지는 겉껍질 크러스트가 특히나 고소하다. 순간적으로 높은 온도를 내는 화덕의 특성을

일반 오븐으로 재현해내기 어렵다고 하니 여기 기욤의 화덕 오븐에서 구운 빵맛이 더욱 특별할 수밖에. 화덕에서 빵을 굽는 정통 스타일을 고수하며 다각도로 노력하고 있는 기욤의 또 한가지 특징은 유기농 재료의 사용이다. 밀가루는 물론이고 우유, 계란 등의 모든 재료를 유기농으로 사용하고 있어 어린 아이들을 키우는 주부나 건강을 생각하는 이들에게 환영받고 있다.

핑크색 외관과는 달리 안쪽엔 붉은색 벽돌, 진한 색의 나무 바닥재 등 내추럴한 소재를 사용해 편안한 분위기가 감돈다. 곳곳에 비치된 핑크색 포장박스들이 생동감 있어 보인다. 매장 정중앙 쇼케이스 너머로 붉은 벽돌을 쌓아 만든 화덕 오븐이 보이는데, 전통 있는 프랑스 빵집의 푸근함이 느껴진다. 외부의 이국적인 느낌과 마

찬가지로 매장 내부에서도 프랑스의 향기가 묻어난다.

왼쪽 베이커리 섹션을 둘러보면 검은색 철재와 원목으로 만든 선반 위에 라탄으로 짜인 바구니가 놓여 있고 그 위에 빵들이 전시되어 있다. 르 꼬르동 블루 재학 시절 맛보았던 프랑스빵 그 모습 그대로 기욤의 메인 제품인 유럽 빵을 보기 좋고 먹음 직스럽게 전시해두고 있다. 특히 반가웠던 빵은 브르타뉴 지방의 전통 빵 쿠이-아만(kouign-amann)이다. 프랑스 부르타뉴 지방의 말로 버터과자란 뜻이다. 부르타뉴 출신인 셰프 패트릭 마땅에게 직접 배웠던 쿠이-아만은 발효된 반죽에 유염 버터를 넣고 밀어 펴기를 반복한 후 설탕을 캐러멜라이즈하여 만든 달콤한 빵이다. 케이크처럼 원형 팬에 크게 굽기도 하고 기욤에서처럼 작게 만들어지기도 한다. 일반 제과점에서 쉽게 볼 수 없는 프랑스 정통 빵이다.

건강 빵이라고 불리는 프랑스 정통 빵들과 푀이타쥬(퍼프 페이스트리)로 만들어낸 빵들, 차와 함께 먹으면 그만인 한입 크기의 구움과자류(마들렌, 피낭시에) 등이 베

이커리 섹션에 있고, 오른쪽엔 정통 프랑스 디저트 라인이 진열되어 있다. 파리의 호텔 제과장 출신 파티셰 '에릭 오세르(Eric Hausser)'의 손길이 닿은 파리의 화려함을 느낄 수 있는 오페라 케이크를 비롯해 각종 초콜릿과 마카롱, 에끌레르, 밀푀유, 밀페이로얄 등 프랑스 본토에서 온 디저트들이 이 쇼케이스에서 빛을 내고 있다. 그 중 밀페이로얄은 그가 엘리자베스 영국 여왕을 위한 만찬에 내기 위해 만든 디저트로, 진정한 프랑스 디저트의 정수를 맛보고 싶다면 밀페이로얄을 맛보자.

진열대에서 제품을 선택하면 직원이 자리까지 갖다 주는 시스템으로 토마토 셀러리 주스와 몇 가지 빵을 맛보았다. 매번 올 때마다 느끼는 거지만 전체적으로 빵들이 담백하고 촉촉하다. 이스트를 사용하지 않고 자연발효를 거쳐 화덕에서 구워내기 때문일 것이다. 하트 모양의 달콤한 팔미에와 아몬드크림이 가득 충전된 크루아상 오자몽, 초콜릿을 품고 있는 페이스트리 등은 달콤하고 익숙한 맛으로 거부감이 없다. 기욤은 프랑스빵과 디저트뿐만 아니라 샌드위치, 키쉬, 크로크무슈 등 브런

기욤
주소 서울시 강남구 청담동 88-37 인성빌딩 1층
전화 02-512-6701
영업시간 08:00~24:00
휴일 명절
교통 지하철 7호선 강남구청역 4번 출구
　　 학동사거리 부근 버거킹 골목

치를 즐길 수 있는 베이커리 카페 형태로 운영되고 있으며 매장 앞에는 테라스 자리가 있어서 날씨 좋은 날에는 실외에서 브런치 타임을 즐길 수 있다. 예쁜 핑크색 외관과 아늑하고 편안한 분위기 그리고 화덕에서 구워낸 프랑스 빵까지, 어느 하나 특별하지 않은 게 없는 빵집. 국내 유일의 정통 프랑스 천연 발효빵의 매력에 빠져보자. 한남동 유엔빌리지 옆에 한남점이 있고 강남 신세계백화점 식품관에도 입점되어 있다.

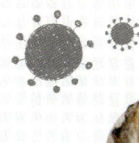

빵 오 뱅 5900원
와인, 호두, 건포도, 유기농 밀가루로 만들어 맛있다. 바삭한 겉껍질과 촉촉한 빵이 매력적이다. 와인 향이 은은하게 느껴지며 중간중간 씹히는 호두와 건포도가 매력적이다.

치아바타 1900원
기공이 그대로 살아 있는 치아바타. 가벼운 느낌으로 겉은 바삭하고 속은 촉촉하고 담백하다. 샌드위치에 잘 어울릴 만한 빵이다.

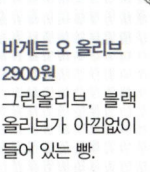

바게트 오 올리브 2900원
그린올리브, 블랙올리브가 아김없이 들어 있는 빵.

토마토 샐러리 주스 1만 1000원
유기농 베이커리답게 음료도 건강을 위한 것으로 준비되어 있다.

팔미에 3300원
버터가 많이 들어가서 고소하고, 버터가 만들어낸 층이 바삭하고 맛있다.

크루아상 오자몽 4500원
아몬드크림이 듬뿍 들어가 고소하고 달콤하다. 거부감이 없는 달콤한 맛으로 누구에게나 인기 있는 빵.

멜론의 모양을 닮았다고 해서 이름 붙은, 일본에서 처음 만들어진 멜론빵. 표면의 쿠키 층이 바삭한 식감을 살려주기 때문에 크림을 넣지 않아도 맛있는 멜론빵을 만들 수 있어요.

도쿄빵야의 **말차 멜론빵** 만들기

재료

빵 반죽 강력분 140g, 박력분 20g, 말차(녹차)가루 3g, 인스턴트 드라이이스트 3g, 설탕 25g, 버터 25g, 소금 1g, 달걀 반 개, 물 65~70g 정도 **쿠키 반죽** 버터 30g, 설탕 40g, 소금 약간, 달걀 반 개, 박력분 95g, 말차(녹차)가루, 레몬에센스, 그 외 윗면에 붙여줄 설탕 적당히

만들기

1 푸드프로세서나 분쇄기에 강력분, 소금, 말차가루, 설탕, 인스턴트 드라이이스트를 순서대로 넣고 섞어주세요.
2 차갑지 않은 물과 풀어준 달걀을 넣어 섞은 다음, 말랑말랑한 버터를 반죽에 넣어 섞어주세요.
3 푸드프로세서를 대략 7~8분 정도 돌렸다가 멈췄다가를 반복하면서 반죽이 매끄러워지도록 돌려 치댑니다.
4 반죽을 둥글게 모아 담고 랩을 덮은 뒤 35~38도에서 40분간 1차 발효합니다.
5 1차 발효를 하는 동안 쿠키 반죽을 만듭니다. 부드러운 버터를 볼에 넣어 풀어주고 설탕과 소금 약간, 풀어준 달걀 반 개를 넣어 주걱으로 섞고, 체 친 박력분과 말차가루를 넣어 섞어주세요.
6 쿠키 반죽을 냉장고에 넣어 1차 발효가 끝날 때까지 대략 30분 정도 휴지합니다.
7 빵 반죽의 1차 발효가 끝나면 반죽을 지그시 눌러 가스를 빼고 스크래퍼로 5 등분 한 뒤 손으로 가볍게 감싸 쥐고 둥글려서 랩을 덮고 10~15분 정도 실온에서 중간발효합니다.
8 중간발효하는 동안 쿠키 반죽도 꺼내어 스크래퍼로 5 등분 해줍니다.
9 빵 반죽은 중간발효 후 다시 한 번씩 둥글려 가스를 뺍니다. 반죽 윗면에 올릴 쿠키 반죽은 빵 반죽이 덮일 정도의 크기로 둥글게 밀어주세요. 랩 위에서 밀면 들어올리기 편합니다.
10 빵 반죽 윗면에 둥글게 밀어둔 쿠키 반죽을 하나씩 올리고 살짝 감싸주세요.
11 쿠키 반죽 윗면을 설탕에 굴려 골고루 설탕을 붙이고 스크래퍼로 살짝 눌러 격자무늬를 만들어줍니다.
12 그대로 오븐팬 위에 올린 뒤 따뜻한 곳에서 40분 정도 2차 발효합니다. 발효가 끝나갈 무렵 180도로 오븐을 미리 예열한 뒤 20~25분 정도 구워주면 완성.

Recipe

'바삭하다'라는 뜻인 크로크에 '남자' '아저씨'란 뜻의 무슈가 합해진 말인 크로크무슈는 프렌치 스타일의 샌드위치랍니다.
여기에 달걀 프라이를 올리면 여성을 위한 '크로크마담'이 됩니다.

크로크무슈와 크로크마담 만들기

재료
2인분 식빵 4장, 햄 2장, 치즈 2장, 모짜렐라 치즈 적당량, 파슬리가루 약간, 달걀 1개(크로크마담의 경우)
베샤멜소스 만들기 버터 20g, 밀가루(박력분) 15g, 우유 100ml, 소금 약간, 넛맥 약간

만들기
1. 두꺼운 바닥의 냄비에 버터를 넣고 녹여주세요.
2. 불에서 내려 분량의 밀가루(박력분)를 넣고 불 위에 다시 올려 잘 볶아주세요. 잘 볶아야 밀가루 냄새가 나지 않아요.
3. 우유를 중탕하거나 전자렌지에 살짝 데워줍니다.
4. 데운 우유에 2를 조금씩 넣고 섞어줍니다.
5. 다시 불에 올려 보글보글 끓이고 소금과 넛맥을 넣어주면 베샤멜소스 완성.
6. 넓은 쟁반에 베샤멜소스를 올리고 랩으로 덮어 한김 식혀요.
7. 준비된 식빵에 베샤멜소스를 바르고 치즈와 햄을 올려주세요.
8. 그 위에 식빵을 올리고 피자 치즈를 듬뿍 얹어 180도 오븐에서 15~20분 녹여주세요(토스트기 사용 가능).
9. 크로크마담을 만들려면 달걀후라이를 준비해 위에 올리면 됩니다.

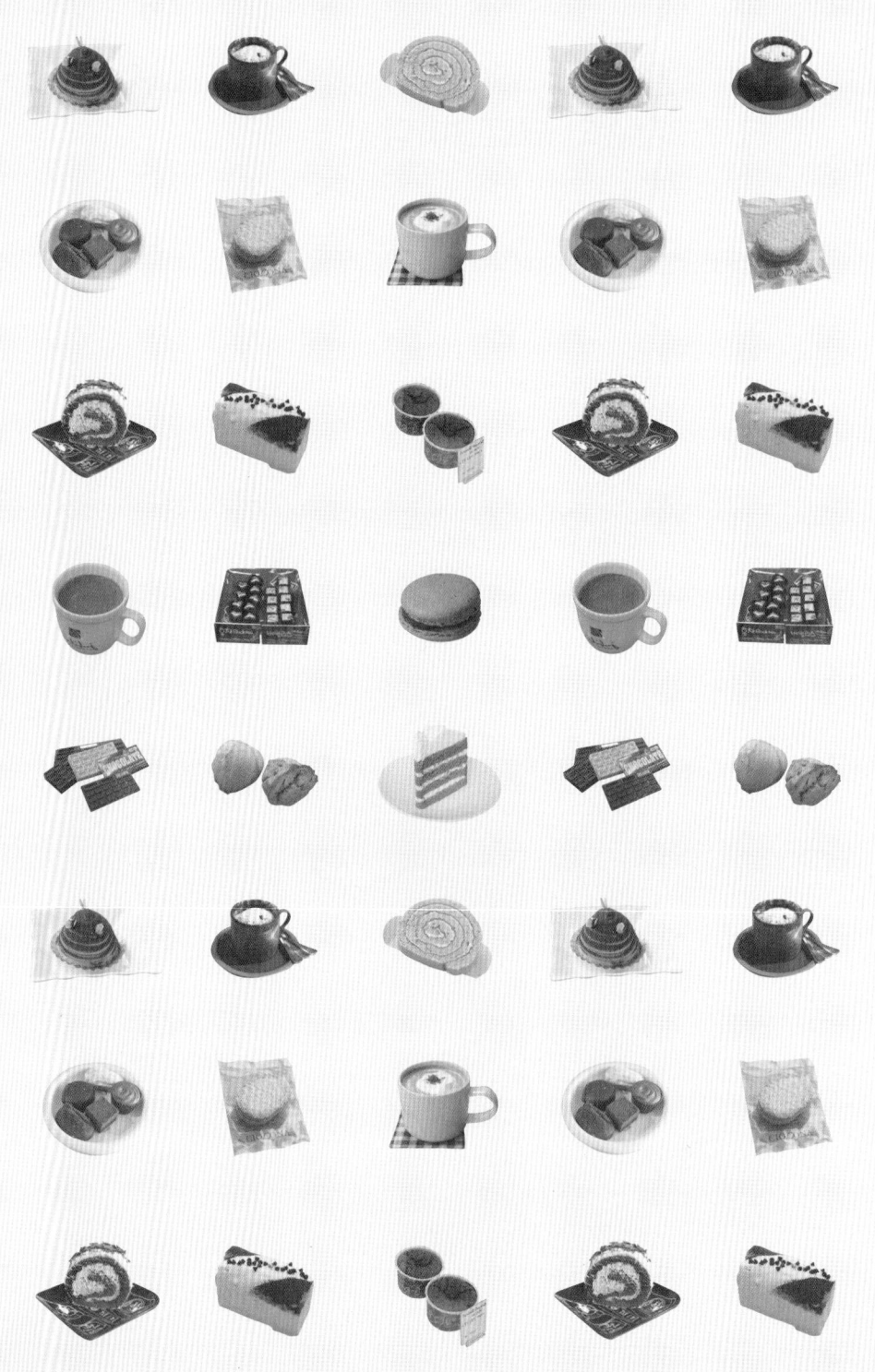

Part 3
작고 귀여운 쿠키와 초콜릿

홍대의 작은 프랑스 | 르 쁘띠 푸 | 죽전의 숨은 맛집 | 시오코나 | 진하고 풍부한 카카오를 음미하는 곳 | 에이미 초코 | 프랑스 전통 과자 까늘레가 있는 곳 | 오뗄두스 | 유러피언 라이프스타일 카페 | 아티제 | 리얼 초콜릿이 있는 곳 | 카카오 봄 | 질 좋은 초콜릿으로 만드는 초코 디저트 | 가또 에 마미 | 깊고 진한 초콜릿 케이크 | 몹시 | 내 입안의 작은 사치 | 팔레트 서울 | 초콜릿에 관한 모든 것 | 쥬빌리 쇼콜라띠에 |

Le Petit Four

홍대의 작은 프랑스
르 쁘띠 푸

비행기로 12시간 남짓 걸리는 프랑스에 가지 않고도 서울에서 정통 프랑스 디저트를 즐길 수 있다. 프랑스 리옹의 폴 보퀴즈 요리학교 출신 김대현 셰프의 르 쁘띠 푸가 있기 때문.

직역하면 쁘띠(petit, 작은) 푸르(four, 오븐)는 작은 오븐을 뜻하는데, 흔히 식사코스에서 맨 마지막 차나 커피를 마실 때 서브되는 한입거리의 소형 과자나 작은 케이크를 총칭하는 말로 쓰인다. 파티 등 인원이 많은 곳에서 디저트로 서빙되기도 한다. 내가 다녔던 르 꼬르동 블루에서도 여러 종류의 르 쁘띠 푸 제품을 배웠는데 크기가 큰 케이크를 만들 때보다 손이 더욱 많이 가서 시간이 많이 걸렸던 기억이 난다. 수료식날 셰프와 조교들이 만들어 놓은 다양한 르 쁘띠 푸를 볼 수 있었는데, 은색 트레이에 올려진 르 쁘띠 푸들은 하나 같이 귀엽고 예쁜 제품들로만 준비되어 있어 수료식에 온 친구·친지들에게 인기가 많았다.

홍대의 르 쁘띠 푸는 평소에 내가 즐겨찾던 곳으로, 홍대 앞 푸르지오 상가에서 최근 극동방송국 쪽으로 확장 이전했다. 예전의 인테리어는 블랙톤으로 모던한 느낌인데 반해 새로 이전한 이곳은 이국적인 앤티크풍 혹은 세미 클래식한 분위가 풍긴다. 사실 아주 맘에 드는 인테리어는 아니지만 천편일률적인 홍대 부근 카페에 비해 새로운 느낌인 것은 확실하다. 셰프님께 여쭤보니 베르사이유 궁전을 모티프로

르 쁘띠 푸
주소 서울시 마포구 상수동 86-37
전화 02-322-2669
영업시간 월~목 10:00~23:00, 금~토 11:30~24:00,
일요일 13:00~22:00
휴일 명절
교통 홍익대학교에서 극동방송국 방향으로
걸어가다가 만나는 2층 건물

했다고 한다. 그래서일까? 한쪽 면
이 베르사이유 궁전의 거울의 방처
럼 전면이 거울로 되어 있고, 유난
히 화려한 골드 장식이 많았다. 홍
대 부근은 일본식 인테리어가 강세
인데 반해 이곳의 인테리어는 유행
과는 전혀 다른 분위기를 내고 있

다. 가끔 블라인드를 치는데 그 블라인드에 인쇄된 베르사이유 궁전이 마치 프랑스
에 있는 듯한 풍경을 연출한다. 화려한 프레임의 명화 액자들이 곳곳에 놓여 있었
고, 마카롱으로 장식된 소품들이 재미있다. 특히 여러 가지 퐁당으로 색을 입힌 원
색의 크로캉 부슈가 눈길을 끈다. 크로캉트(croquet)는 영어로 바삭거린다는 뜻이
고 부슈(Bouche)는 입이라는 뜻으로, 크로캉 부슈(croque-en-bouche)는 입안에
서 바삭거린다는 의미다. 슈를 탑처럼 쌓아 올리고 캐러멜이나 누가틴 설탕 장식으
로 장식한 것으로, 프랑스인들의 결혼식이나 세례식 같은 행사에 사용된다. 제과점
을 주요한 소재로 이야기를 꾸려간 일본 만화『서양골동양과자점』에서 크리스마스
케이크로 크로캉 부슈가 나온다. 주인공 타치바나가 페라리를 타고 가서 산타 복장
을 하고 크로캉 부슈를 캐러멜로 장식해 주는 장면이 나오는데 정말 기억에 남는 명
장면이었다. 우리나라에서 쉽게 볼 수 없는 크로캉 부슈를 이곳에서 보니 반갑다.
크로캉 부슈처럼 높이 쌓아올려 만든 과자를 피에스 몽테(pieces montes)라 하는데
화려한 색감의 마카롱으로 장식한 피에스 몽테도 또 하나의 볼거리.
김대현 셰프가 직접 파리 벼룩시장에서 구입해온 빈티지 장식품들도 눈에 띈다. 시
간이 흐를수록 가치를 더하고 멋을 더하는 빈티지 도구들. 오래전의 이야기들이 소
록소록 묻어나는 베이킹 소품들을 모아 어울리게 배치하고 장식한 것이 인상적이
다. 사람의 손때를 한 겹 한 겹 입어 더 멋스럽다. 극동방송국 쪽 2층으로 새로 이전
한 르 쁘띠 푸에서는 여전히 귀엽고 작은 디저트 등을 만날 수 있다. 밑면을 대리석
으로 마감한 쇼케이스에 색이 고운 마카롱들이 나란히 줄지어 있고 그 세련된 수제
품 케이크의 아름다움에 매혹된다. 색색이 화려한 마카롱들, 캡슐 젤라또, 까까 케
이크가 아름답다. 가방 모양의 케이크도 있었는데 광택은 물론이고 흠집 하나 없

이 얇고 투명하면서 균일하게 작업된 글라사주가 완벽했다. 설탕공예로 작업한 유리 느낌의 핸드백 손잡이도 앙증맞다. 먹기가 망설여질 정도로 미적으로 뛰어난 제품이다. 밀푀유 몽블랑은 블루베리 다쿠아즈에 더블크림 치즈크림 그리고 밤크림을 10겹으로 쌓아 만든 달콤한 케이크다. 딸기크림슈는 100% 생딸기 과즙을 내어 만든 딸기크림을 부드러운 슈 안에 넣어 만든 것. 윗면을 붉은 퐁당으로 장식하고 초록색 딸기꼭지는 마지팬(설탕과 아몬드를 갈아 만든 페이스트)으로 장식하였다. 이곳의 마카롱은 다른 어떠한 곳보다도 바삭하고, 쫄깃하기보다 촉촉하면서도 입안에서 부드럽게 녹아드는 느낌이다. 이곳의 몽블랑은 르 쁘띠 푸라는 이름 그대로 한입에 쏙 들어오는 크기다. 아몬드 크림을 가득 채운 타르틀레트(작은 타르트를 칭하는 말) 위에 머랭 과자, 크렘 마롱(밤페이스트와 밤크림, 버터를 섞은 후 럼으로 마무리한 것), 밤조각을 올리고 마지막엔 데코스노우(슈가파우더를 녹지 않게 가공한 것)로 장식했다. 마무리 럼(럼주)의 향이 그윽하다.

카페가 많은 홍대 부근에서 작은 프랑스 파리를 느끼고 싶다면 르 쁘띠 푸에 들러보는 건 어떨까? 색색이 퐁당으로 씌운 슈로 장식한 크로캉 부슈, 마카롱으로 장식한 피에스 몽테가 눈을 즐겁게 하고 화려한 마카롱, 특별한 수제 아이스크림이 입을 즐겁게 해줄 것이다.

작은 까까 케이크 3800원
일명 똥 케이크라고 불리는 까까 케이크. 일반 생크림을 두 배로 농축시켜 만든 요거트 생크림이 느끼하지 않고 깔끔한 맛을 낸다. 쇼케이스에 진열하기가 무섭게 매진되는 제품이다.

레몬생강 캡슐 젤라또 2800원
상큼한 레몬과 알싸한 생강의 조화가 일품인 젤라또. 원래 생강은 레몬과 잘 어울린다. 군더더기 없는 맛으로 식사의 마침표를 찍기에 안성맞춤이다. 깊은 향과 부드럽게 넘어가는 신선한 맛이 인상적이다.

꼬냑 마카롱 1800원
진보라색의 마카롱으로 코냑 향 가득 퍼지는 가볍고 부드러운 화이트크림은 마카롱에 샌드된 여느 크림이나 잼과는 또 다른 풍부한 맛과 식감이 느껴진다. 코냑의 향이 입안에 긴 여운을 남겨 또 이곳의 마카롱을 찾게 만든다.

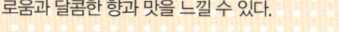

피스타치오 마카롱 1800원
고소한 피스타치오 크림이 인상적이다.

부티 마카롱 1500원
코코넛 밀크크림과 과육으로 맛을 낸 부티 마카롱.

바닐라 마카롱 1800원
프랑스 전통방식으로 만든 마카롱 사이에 천연 바닐라빈으로 만든 크림을 샌드했다. 천연바닐라의 감미로움과 달콤한 향과 맛을 느낄 수 있다.

퐁당 쇼콜라 카페 S 1500원 / L 4500원
주문하면 전자레인지에 데워 서브되는데 뜨거운 용암 같은 초콜렛이 마구 흘러나온다. 진한 초콜릿 맛을 좋아한다면 한번 시도해보자.

CIO. CONA

죽전의 숨은 맛집
시오코나

서울에 수많은 스위트숍과 베이커리 카페들이 있기는 하지만 서울 근교에서도 잘 찾아보면 꽤 괜찮은 윈도우베이커리들이 있다. 그중 2007년 용인시 죽전에 오픈하여 지금까지 꾸준한 실력으로 사랑 받는 시오코나 베이커리숍을 소개한다.

시오코나는 소금의 시오(しお), 가루의 코나(こな)라는 일본어가 합해진 말로, 제과제빵을 할 때 가장 기본이 되는 재료 이름이다. 항상 기본을 지키면서 빵을 만들고자하는 시오코나의 제품 철학을 담은 이름이라고 한다. 이미 근방을 비롯해 서울에서까지 일부러 찾아오는 사람들이 있을 만큼 꽤 알려진 죽전의 맛집이다. 이곳 시오코나의 오너 전익범 셰프는 동경제과학교 출신으로 프랑스에서도 수학했으며 여러 국제대회를 통한 화려한 수상경력을 가지고 있다. 특히 국내가 아닌 일본에서 열린 여러 대회와 일본 캘리포니아 건포도 베이커리 경연대회 케이크 부문 그랑프리를 받았던 유수의 실력자다. 시오코나에서 함께 일하고 있는 파티시에들 역시 동경제과학교 출신으로 구성하여 매장을 이끌어나가고 있다고 한다.

나는 2008년쯤 처음 시오코나를 찾았다. 서울이 아닌 죽전 쪽에 생긴 베이커리숍 방문이 설레기도 하고, 급부상하고 있는 베이커리라는 이야기를 많이 들었기 때문에 큰 기대감에 방문했던 기억이 난다. 물론 그 기대는 벗어나지 않았다.

상가 1층에 자리한 시오코나는 멀리서부터 하늘색 입구가 한눈에 들어온다. 햇살을

가려주는 차양막 아래로 여러 가지 다양한 베이커리류들이 상가 앞을 지나가는 사람들의 발길을 붙든다.
매장 안에는 작은 쿠키에서부터 케이크, 빵 등 다양한 메뉴들이 가득이다. 일반적인 베이커리에서 볼 수 없는 참신한 모양과 맛을 가진 것들이 대부분. 일본에서나

 시오코나
주소 경기도 용인시 기흥구 보정동 1208-3
전화 031-889-3326
영업시간 08:00~22:00
휴일 연중무휴
교통 분당선 죽전역에서 단대 방향

볼 수 있는 깔끔하고 참신한 베이커리 포장에도 눈길이 간다. 쇼케이스 안으로도 너무 현란하기만 하기보다는 딱 적당한 느낌의 세련된 데코레이션 케이크들이 보인다. 프렌치 스타일의 여러 가지 쿠키들도 작은 사이즈의 포장으로 판매되고 있어서 조금씩 다양하게 맛보기에 아주 좋다. 특히 우유식빵이나 바게트, 스콘과 같은 제품들은 조금씩 여러 번 구워내기 때문에 훨씬 더 신선하게 맛볼 수 있다. 그밖에 감자를 넣어 만드는 포테이토 치아바타도 꼭 맛보아야 할 메뉴.

기교보다는 기본에 충실하게 제품을 만든다는 신념으로 오픈 이래 줄곧 정직한 먹거리만을 만들고 있는 죽전 시오코나. 서울 근교에 위치한 숍 중 정말 추천하고 싶은 곳이다.

화이트 쇼콜라 7500원
진하고 촉촉한 초콜릿 파운드케이크에 화이트 초콜릿을 한번 더 입혀서 만든 달콤한 쇼콜라 케이크. 호두와 초콜릿칩이 듬뿍 들어가서 씹는 맛이 좋고 블랙커피와 함께하기 좋다.

흑미 롤 4000원
시트 속에 흑미가 들어가는 흑미 롤. 맛은 무난하지만 많이 달지 않아서 마음에 든다. 가볍게 맛볼 수 있는 롤케이크.

호두 스콘 1500원 / 플레인 스콘 1300원
시오코나 스콘은 다른 곳보다 훨씬 촉촉하고 고소하다. 리치한 느낌의 부드러운 식감으로 잼과 곁들여도 아주 좋다. 아침식사나 브런치로 잘 어울린다.

다쿠아즈 1500원
아몬드가루를 듬뿍 넣고 구운 다쿠아즈. 커피맛 버터크림과 사각사각 씹히는 아몬드 다쿠아즈가 잘 어울린다.

AMY CHOCO

진하고 풍부한 카카오를 음미하는 곳
에이미 초코

사실 초콜릿이나 와인은 '먹다' 또는 '마시다'보다는 '음미하다' 혹은 '맛보다'라는 말이 더 어울리는 음식이다. 좋은 초콜릿을 천천히 음미할 수 있는 분위기 좋은 곳이 있다. 신사동 가로수길에서 벗어난 한적한 골목에 있는 수제 초콜릿 전문카페 에이미 초코다.

입구에 들어서자마자 달콤한 초콜릿 향이 느껴진다. 따뜻하고 아늑한 실내 인테리어가 이곳 젊은 사장님 내외의 풍부한 감성을 고스란히 담고 있다. 매장은 복층 구조로, 1층에는 편안하게 음료와 초콜릿을 즐길 수 있는 카페가, 2층에는 쇼케이스와 카운터, 수제 초콜릿이 만들어지는 작업실이 있다. 작업실 옆에는 테라스 자리도 마련되어 있어 날씨가 좋은 날에는 야외에서도 초콜릿을 즐길 수 있다. 카페는 창가 쪽으로 바 형태의 자리가 길게 놓여 있고, 각종 모임을 갖는 손님들을 위해 카카오 열매 모양의 6인석 테이블을 마련해 놓았다.

다양한 제품들이 매장을 가득 메우고 있는데, 초콜릿뿐 아니라 쿠키 등 귀여운 것들이 눈요기거리가 된다. 초콜릿 관련 모형 장식품들이 호기심을 자극한다. 곳곳에 자리 잡은 바비인형 의상 같은 초콜릿 공예품 역시 눈여겨볼 만하다.

2층 쇼케이스에는 직접 만든 다양한 초콜릿이 가득한데, 여성들의 감성에 맞는 아기자기한 디자인의 봉봉 초콜릿이다. 초콜릿 중에서는 사쿠란보, 밀크 오렌지, 진

AMY CHOCO

그린티 Greentea

시나몬 Cinnamon

바닐라

 에이미 초코
주소 서울시 강남구 신사동 512-8 1F(준영빌딩 1층)
전화 02-733-5509
영업시간 11:00~23:00
휴일 일요일
교통 지하철 3호선 신사역 8번 출구 도보 5분
블로그 www.amychoco.com

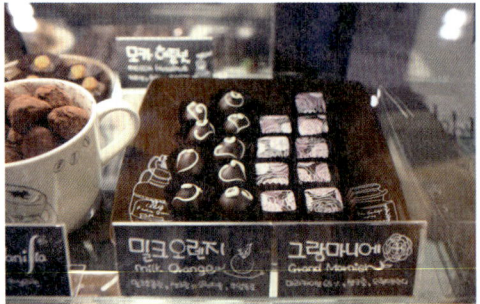

저 캐러멜, 그린티가 인기 있다. 초콜릿 봉봉 이외에 초콜릿으로 만든 다양한 음료들도 즐길 수 있다.

'12g의 미학' 수제 초콜릿의 진가를 전파하기 위해 초콜릿 카페를 운영하는 조미애 에이미 초코 대표는 초콜릿을 직접 만들고 포장까지 하는 DIY수업을 진행하고 있다. 에이미 초코의 달콤한 초콜릿 이야기가 궁금하다면 언제든 방문해 보자.

에이미 초코 4500원
카카오 75%의 초콜릿 음료인 '에이미 초코'는 이곳의 대표 메뉴다. 아주 진한 맛이 나는 핫코콜릿으로, 추운 겨울에 머그컵을 두 손 모아 쥐고 마시고 싶은 음료다.

초코 롤케이크 4000원
촉촉한 초코 비스퀴에 초콜릿을 녹여낸 진한 생크림이 가득 들어 있다. 그 위에 초콜릿을 뿌려 놓아 이보다 진한 초코 케이크를 만날 수 없을 것이다.

초코 에스프레소 5500원
에스프레소 더블샷과 다크초콜릿 스팀밀크가 층을 이뤄 보기도 좋고 맛도 좋은 음료.

초코 빙수(시즌 제품) 9500원
여름이면 계절메뉴로 초코 빙수를 맛볼 수 있다. 아이스크림처럼 시원하고 신선한 베리 그리고 초콜릿을 그대로 느낄 수 있다. 아낌없이 올라간 베리들은 초콜릿의 단맛을 상쇄시켜준다.

봉봉 쇼콜라(개당 2000원)
사쿠란보
일본 루피시아의 체리향 나는 사쿠란보 홍차를 우려 초콜릿에 그 향기를 담아냈다.

진저 캐러멜
생강의 알싸한 맛과 달콤한 캐러멜 맛이 환상의 조합을 이룬다.

작고 귀여운 쿠키와 초콜릿

에이미 초코 조미애 오너셰프 인터뷰

"진짜 초콜릿의 가치와 매력을 사람들에게 널리 알리고 싶어요"

조미애 오너셰프는 우연히 쇼콜라티에의 세계에 매료되어 지금은 하루도 거르지 않고 초콜릿을 만드는 사람이다. 달콤하고 정직한 초콜릿 한 조각의 매력을 널리 알리고 있는 에이미 초코의 조미애 셰프를 만나보았다.

에이미 초코 매장을 운영하게 된 계기는 무엇인가요?

쇼콜라티에는 비교적 짧은 시간에 많은 이들에게 감동을 줄 수 있는 매력적인 직업입니다. 칠공예를 전공했는데 칠공예는 작품 하나를 만드는 데 1년이 걸리거든요. 갤러리 한 번 전시하면 개인 소장해야 하는 게 순수예술을 하며 느끼는 외로움이었어요. 그러던 중 초콜릿으로도 공예품을 만들 수 있다는 걸 알게 됐어요. 먹는 즐거움과 보는 즐거움을 동시에 얻을 수 있는 공예품을 만들 수 있어서 행복합니다.

이 일을 하면서 가장 보람 있었거나 기억에 남는 일이 있다면?

초콜릿은 특별한 날에 찾는 사람이 많죠. 정성스럽게 만든 초콜릿이야말로 마음을 전하기에 좋은 선물이니까요. 제가 사랑의 메신저가 되어 마음을 전하며 느낀 설렘과 감동은 잊을 수 없습니다. 어떤 남자분이 제품에 메시지를 넣어달라고 부탁을 하셨어요. 좋아하는 사람에게 고백하려고 자리 예약도 하셨죠. 그리고 예약 당일에

카페에 함께 들어온 두 분은 정말 잘 어울리는 한 쌍이었어요. 후에 좋은 답변 들었다며 감사하다고 전해주셨어요. 그때 그 기쁜 마음과 설렘이 아직까지 기억에 남아요. 달콤한 초콜릿은 어떤 메시지든 오랫동안 기억에 남기나 봅니다.

에이미 초코에서 가장 추천하는 메뉴는?

↪ 에이미 초코는 카카오 함량이 75% 정도 되는 다크초콜릿을 우유에 녹여 만든 진한 초콜릿 음료예요. 프랜차이즈 카페에서 파는 인공적인 맛과 향에 익숙해진 분들에게 저희 메뉴를 권해 드리면 진짜 초콜릿 맛에 반하신답니다. 초코 에스프레소는 초콜릿/에스프레소/우유를 1:1:1의 비율로 만든 초콜릿 음료예요. 농도 짙은 걸쭉한 초콜릿, 진한 카페모카를 원하시는 분들께 추천합니다. 먹는 방법에 따라 각기 다른 맛을 낸답니다.
① 우유거품과 에스프레소를 함께 먹고 초콜릿을 숟가락에 담아 먹는 방법
② 다 함께 골고루 섞어 먹는 방법
③ 숟가락을 푹 넣어 세 가지를 한 번에 얹어 먹는 방법

향후 매장 운영 계획이 궁금합니다.

↪ 카페를 오픈하고 초콜릿 수업도 진행하는 건, 진짜 초콜릿의 깊은 맛을 보여드리고 그 효능을 알리기 위해서입니다. 아직까지 수제초콜릿을 비싸다고만 생각하고 선뜻 접하려 하지 않는 분들이 많아요. 초콜릿 시장을 키우는 건 쇼콜라티에들의 몫이니 더 노력하려고 합니다. 덤으로 저의 10년 목표는 카카오를 직접 로스팅하여 에이미만의 특별한 초콜릿을 탄생시키는 것이랍니다. 또한 초콜릿을 이용한 요리와 음료를 많이 개발할 생각입니다. 더 발전할 에이미 초코 레스토랑을 기대해주세요.

HOTEL DOUCE

프랑스 전통 과자 까늘레가 있는 곳
오뗄두스

오뗄두스(HOTEL DOUCE)는 달콤한 호텔이라는 프랑스어다. 이름답게 매장을 방문하는 손님들에게 호텔과 같은 최상의 서비스로 행복하고도 달콤한 디저트를 제공하겠다는 의미를 담고 있다.

오뗄두스의 오너셰프는 베이커리에 관심 있는 사람이라면 누구나 알고 있는 정홍연 셰프. 오랫동안 일본에서 활동하였고 여러 차례의 수상경력, 도쿄 리가 로얄 호텔의 제과장으로도 있었던 화려한 이력을 가지고 있다. 서래마을에 오픈한 작고 아담한 이 오뗄두스 매장은 서래마을에서 먼저 자리 잡았던 레꼴두스에서부터 시작되었다. 레꼴두스 역시 그리 큰 규모는 아니었지만 마카롱이나 여러 가지 구움과자들을 판매하며 널리 알려진 곳이었다. 그곳에서 운영되던 체계적인 홈베이킹 클래스 역시 홈베이커들에게 많은 사랑을 받았다. 그런 레꼴두스에서 이어지는 오뗄두스 매장은 홈베이킹 클래스 매장인 레꼴두스와는 독립된 판매 매장이다.

색색의 화려한 색감을 자랑하는 사랑스러운 마카롱과, 까맣지만 보기와는 달리 쫄깃하고 부드러운 매력을 지닌 까늘레, 겉은 바삭하고 속은 부드러운 크렘 파티시에르로 가득 찬 여러 가지 에끌레르, 반짝반짝 보석같은 초콜릿, 첨가물을 넣지 않고 만드는 수제 잼, 보기만 해도 풍성한 느낌이 나는 먹음직한 파운드케이크, 앙증맞은 모양의 머랭쿠키 등등 정홍연 셰프의 개성이 담긴 달콤한 스위트류가 가득하다.

오뗄두스
주소 서울 서초구 반포동 90-10
전화 02-595-5705
영업시간 11:00~22:00
휴일 연중무휴
교통 9호선 신반포역 4번 출구 도보 15~18분. 방배동 서래마을 입구에서 방배중학교 방향으로 가다가 70m 정도 더 직진하여 좌측 안쪽 골목에 위치

서래마을 중심 대로변이 아닌 한적한 골목에 위치한 오뗄두스 매장은 작은 테이블이 2개 밖에 없는 작고 아담한 공간이다. 매장 안이 그린 색상으로 밝은 분위기인데다가 많은 먹거리들이 한눈에 들어오기 때문에 굳이 넓을 필요가 없어 보인다.

오후에 매장에 들르면 캐러멜 에끌레르와 같은 인기 제품들은 거의 품절되어 구입할 수 없는 경우가 자주 있다. 조금은 부지런을 떨어야 원하는 제품을 맛볼 수 있다. 오뗄두스가 위치한 서래마을은 프랑스인이 많이 살기로 유명한 지역이기도 한데, 그 지역의 외국인들에게도 많은 사랑을 받고 있다고 한다. 프랑스인이 인정한 프랑스 과자를 판매하는 곳이 오뗄두스라고 할 만큼 말이다.

그 외에도 치즈케이크나 쿠키가 올려진 바삭바삭한 에끌레르, 푸딩이나 오가닉 롤 케이크와 같은 스위트류가 구비되어 있어 선택의 폭을 다양하게 넓힐 수 있다. 또한, 정홍연 셰프의 마카롱 솜씨는 이곳뿐 아니라 삼청동 팔레트서울에서도 만나볼 수 있다.

얼그레이 까눌레 2500원
오뗄두스는 마카롱이나 초콜릿 외에도 까눌레가 맛있기로 소문이 자자하다. 이곳 오뗄두스의 까눌레는 겉면은 적당하게 캐러멜화되어 바삭바삭하면서도 속은 아주 부드럽다. 얼그레이 향을 잘 살린 까눌레는 내가 가장 사랑하는 까눌레 중 하나. 녹차, 바닐라, 초코 등 입맛에 맞게 구입할 수 있다.

마카롱 2000원
보통 자주 봐오던 마카롱 모양새와는 약간은 다른 모양새이지만 속은 부드럽고 촉촉한 마카롱의 매력을 충분히 느낄 수 있다. 와사비, 캐러멜 살레, 카시스, 베리베리, 프랄린, 얼그레이, 쇼콜라 등 20가지에 가까운 여러 가지 종류의 다양한 마카롱을 맛볼 수 있다.

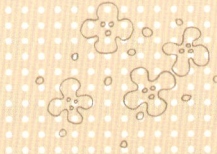

에끌레르 3500원
슈 반죽을 기본으로 하는 구움과자. 길게 짜서 만드는 슈 안으로 부드러운 크림이 가득 들어가 있고 슈 윗면으로는 달콤한 폰당이 입혀져 있다. 바닐라 에끌레르는 바닐라빈을 듬뿍 넣어 바닐라의 맛을 잘 살렸고 캐러멜 소금 에끌레르의 경우에는 캐러멜 맛과 소금의 맛이 조화롭다.

Artisee

유러피언 라이프스타일 카페
아티제

아티제는 신라호텔에서 운영하는 베이커리 카페로 자유로움과 편안함, 삶의 여유를 추구하는 이들에게 감성과 휴식을 선사하는 유러피언 라이프스타일 카페다. 아티제는 장인을 뜻하는 'artisan'과 여성 접미어 'ee'가 결합한 이름이다. 현재 15개의 매장이 있는데 그중 강남역 삼성타운에 있는 삼성점에 방문했다.

실내는 애쉬우드와 비앙코 대리석을 사용하여 밝고 부드러운 느낌이다. 전체적으로 세련된 인테리어에 자연적인 분위기가 물씬 풍기는 부드러운 느낌의 의자와 테이블이 놓여 있다. 롯폰기힐즈의 레스토랑과 애플 스토어 그리고 뉴욕 현대미술관 MoMA의 인테리어 제작에도 참여한 칸지 우에키(Kanji Ueki)가 아티제의 인테리어를 담당했다고 한다. 매장 안쪽으로 긴 테이블이 보이는데 이 커뮤널 테이블은 비슷한 라이프스타일을 공유하는 이들을 위한 아티제만의 독특한 테이블이다. 동료, 친구, 연인, 때로는 낯선 사람과도 자연스럽게 이야기를 나눌 수 있는 분위기를 만들어 준다고 한다. 벽면에 편안한 드로잉의 일러스트가 눈에 띄는데, 뉴욕에서 활동하는 경연미 일러스트레이터의 작품이라고 한다. 아티제의 벽면은 일종의 캔버스이자 아티제의 '창'으로, 각각의 일러스트에 스토리가 담겨 있다고 한다. 카운터 벽면의 일러스트는 주문 후 에스프레소를 만드는 바리스타를 대신해 고객과 커뮤니케이션한다. 인테리어와 이국적인 일러스트, 이 모든 것이 마치 유럽의 어느

 아티제 삼성타운점
주소 서울 서초구 서초동 1320-10번지
  삼성전자 서초 사옥 B1층
전화 02-598-0017
영업시간 07:00~23:00
휴일 명절
교통 강남역 4번 출구 도보 5분
홈페이지 www.cafeartisee.com

카페에 와 있는 듯한 착각이 들게 한다. 깔끔하고 현대적인 감각의 인테리어와 세련되고 예쁜 디자인의 제품들이 발길을 붙잡는다.

디저트뿐 아니라, 여유로운 브런치와 커피를 함께 즐길 수 있다. 우아하고 향긋한 맛의 커피는 최고급 아라비카 원두를 사용하고 국내에서 자체 로스팅하며 커피 특유의 깊고 세밀한 맛까지 이끌어냈다고 한다. 바리스타가 빚어내는 부드러운 커피 한잔으로 달콤한 삶의 여유를 즐겨보자.

아티제에서는 매일 새벽 장인들이 정성스럽게 직접 빵을 구워낸다. 갖가지 다양한 빵들을 볼 수 있는데, 유럽 빵에서 단팥빵 같은 단과자 빵까지 만날 수 있다. 케이크는 일본 최고의 파티시에인 요코다 히데요와 아티제 장인들이 만나 만들어진 것으로, 어디에서도 맛볼 수 없는 우아한 맛으로 유명하다. 자허토르테, 블랙포레스트, 카페오레케이크, 쉬폰케이크 등 시각과 미각 모두를 만족시켜준다. 동글동글 귀여운 모양의 마카롱은 화려한 컬러의 향연을 보여준다. 또 신선한 재료를 사용하여 아티제만의 노하우를 바탕으로 만들어낸 샌드위치도 있다.

다양한 종류의 빵, 마카롱, 케이크 등을 자랑하는 아티제는 진화하는 국내 디저트 문화의 수준을 여실히 보여준다. 이 모든 것이 감성과 휴식을 선사하는 유러피언 라이프스타일 카페 아티제를 방문하는 이유다.

팥빙수 1만 3000원
계절메뉴로 이름이 특별한 '네쥬 소르베(neige sorbet)' 팥빙수가 있다. 프랑스어로 눈과 얼음과자라는 뜻이다. 눈꽃처럼 곱게 갈린 얼음 위에 부드럽게 삶은 국산 햇팥을 넉넉히 얹었다. 한입 머금는 순간 구수하고 푸근한 맛에 반하게 된다.

카페오레 5500원
촉촉한 모카 시트에 치즈크림이 들어간 케이크.
맛보는 순간 바쁘게 포크질을 하게 된다.

CACAO BOOM

리얼 초콜릿이 있는 곳
카카오 봄

초콜릿의 역사는 어디서부터일까? 알려진 바로는 아스테카 문명으로부터 시작해 스페인으로 전해졌다고 한다. '악마의 음식'이라는 말을 들었지만 일부 귀족층 중심으로 점차 퍼져 나갔다. 대중에 초콜릿이 전파된 건 19세기 제조기술이 발달하고 대량생산이 가능해지면서부터다. 작은 크기로 진한 달콤함을 전하는 초콜릿은 누군가에게는 비상식량으로 또 그 누군가에게는 훌륭한 디저트로, 많은 이들에게 사랑받는 아이템이다. 일부에서는 당뇨, 비만 등의 이유로 단맛을 죄악시하고 있는데, 최근 건강에도 좋고 집중력 향상이나 두뇌회전에 좋은 초콜릿의 여러 효능이 알려지면서 더이상 초콜릿이 비만이나 충치를 일으키는 주범이라고 여기지 않게 되었다. '카카오'라는 초콜릿의 원료가 알려지면서 인식이 많이 달라진 것이다. 최근 몇 년 동안 초콜릿에 대한 관심이 커지면서 이런 트렌드에 발맞춰 엄선된 초콜릿 원료만을 사용하는 수제 초콜릿 전문점이 많이 생겨났다.

그중 대표적인 숍, 리얼 초콜릿이 있는 홍대의 카카오 봄을 방문했다. 카카오 봄은 벨기에어로 초콜릿 나무라는 뜻으로, 아담하고 예쁜 초콜릿 전문 숍이다. 벨기에에서 보석처럼 빛나는 초콜릿에 반해 공부를 시작했다는 쇼콜라티에 고영주 씨가, 좋은 초콜릿의 맛과 기술을 더 많은 사람들에게 알리고 또 벨기에에서 인상 깊게 느꼈던 초콜릿 문화를 퍼뜨리고자 운영하는 작업실 겸 카페다. 초콜릿에 대한 애정을

모아 『리얼 초콜릿』과 『초콜릿 학교』라는 책도 냈는데, 그런 노력들은 그녀가 가진 초콜릿에 대한 열정을 세상에 알리는 계기가 됐다.
전체적으로 하늘색으로 꾸민 이곳은 초콜릿 관련 소품들로 깔끔하게 꾸며진 곳이다. 보석 같은 초콜릿들이 가득 찬 쇼케이스 뒤쪽에는 작업실이 보인다. 초콜릿바

 카카오 봄
주소 서울시 마포구 서교동 337-16 1층
전화 02-3141-4663
영업시간 9:00~22:00
휴일 연중무휴
교통 홍대 무과수마트 골목에 위치
홈페이지 www.cacaoboom.com

와 다양한 모양의 초콜릿들도 판매하고 있다. 테라스 자리도 있어서 좀더 편안하게 초콜릿을 즐길 수 있도록 했다.

초콜릿에도 품질이 있다. 좋은 초콜릿에는 몸에 좋은 고급 유지인 카카오 버터가 들어 있고 인공색소, 방부제, 첨가물이 거의 들어 있지 않다. 물론 카카오봄에서는 카카오 100%로 만든 고급 원료를 쓴다고 한다. 가장 대표적인 초콜릿 메뉴는 '프랄린(Pralines)'이다. 카카오봄의 프랄린이란 한입 크기의 초콜릿으로 크림, 버터, 견과류 등 섬세한 재료들로 각각 다른 맛과 모양을 내는 벨기에 전통 초콜릿을 말한다. 한입 베어 맛을 보니 쌉싸름하니 진하게 배어드는 다크초콜릿 풍미가 좋았다.

이곳의 초콜릿이 사람들로부터 끊임없는 사랑을 받는 이유는 무엇일까? 바로 '맛'일 것이다. 100% 수작업으로 이뤄지기 때문에 비싼 편이지만, 수제 초콜릿은 '제값'을 해내고 있다.

카카오 봄에서는 진짜 초콜릿을 소개하고 전파해 우리 삶의 질을 높이는 음식문화를 정착시키겠다는 마음으로 벨기에 전통 수제 초콜릿에 대해 교육한다. 전문적으로 초콜릿을 배우고 싶다면 매장에 문의하자.

실키봄 1500원
신선한 유크림과 초콜릿을 사용해 만든 '실키봄'은 실크처럼 입안에서 녹아내린다.

넛맥 트뤼플 2300원
향신료 넛맥(육두구)이 들어가 색다른 맛이다.

프라리네 트뤼플 2300원
투박한 모양의 트뤼플은 겉모습과는 달리 섬세한 맛을 낸다.

초콜릿 음료 5000~6500원
질 좋은 카카오를 사용한 초콜릿 음료들은 차갑거나 따뜻하게 마실 수 있다.

Gateaux et M'amie

질 좋은 초콜릿으로 만드는 초코 디저트
가또 에 마미

개성 있는 모습과 맛으로 다양한 사람들의 입맛을 사로잡는 홍대 거리. 그 속에 프랑스식 디저트를 만드는 가또 에 마미라는 소박한 카페가 있다. 이곳은 프랑스 가정식 요리를 만드는 마미 인 더 키친에서 오픈한 프랑스식 디저트 카페다. 기존에 요리와 함께 선보였던 디저트들이 많은 호응을 얻었는데 그 대표적인 디저트들을 가또 에 마미를 오픈하면서 따로 선보이게 된 것.

홍대 가또 에 마미 매장은 붉은색 외관에서 풍기는 강렬한 이미지와는 달리 내부 인테리어는 깔끔한 화이트톤으로 꾸며져 있다. 반지하에 있지만 커다란 창가로부터 햇살이 한가득 들어오기 때문에 매장 내부가 밝은 느낌이다. 특히 실내 인테리어 중 눈에 띄는 것은 입구에 들어서자마자 보이는 하얀 타공판 벽면에 다양한 조리도구들을 걸어두어 소품으로 활용했다는 점. 무심한 듯 걸려 있는 조리도구들이 이곳이 어떤 곳인지를 말해주고 벽면에 걸린 소품들 덕분에 더욱 아기자기하고 아늑한 느낌이다. 낡은 느낌의 의자, 그 의자 위로 놓여 있는 법랑그릇과 선반 위의 투명한 유리그릇이 프랑스의 어느 작은 시골집에 와 있는 듯한 착각을 불러일으킨다. 다른 카페 매장들과는 달리 바닥이 타일로 되어 있다는 점도 독특하다. 프랑스 음식을 내어오는 주방에 앉아 있는 느낌이 든달까. 게다가 오픈키친으로 되어 있어서 디저트를 만들어낼 때면 굽는 향기가 솔솔 날아와 코를 자극한다.

가또 에 마미
주소 서울시 마포구 서교동 337-15
전화 02-326-1095
영업시간 14:00~23:00
휴일 월요일
교통 2호선 홍대입구역 8번 출구에서 도보 10분 정도

가또 에 마미의 대표적인 메뉴는 진한 고급 초콜릿의 맛을 그대로 느낄 수 있는 쇼콜라 퐁당. 부드럽게 녹아드는 촉촉한 식감으로, 맛을 보았을 때의 만족감은 말로 표현하기 어려울 정도다. 농축된 초콜릿 반죽을 그대로 떠먹는 느낌으로 즐기는 디저트이기 때문에 사용하는 재료들의 질이 맛을 좌우할 정도로 중요하다. 가또 에 마미에서는 정말 좋은 재료를 사용한다는 것을 맛을 보면 금방 알 수 있다. 쇼콜라 퐁당 외에도 사과로 만드는 타르트 타탕이나 예쁘고 귀여운 유리병에 담아 내오는 싱그러운 탄산수 같은 메뉴들도 인기. 특히 탄산수를 담아 내오는 깜찍한 유리병과 유리컵 등을 매장에서도 함께 판매하고 있어서 소품에 관심 있는 손님들에게는 반가운 일이다.

이곳은 오픈시간이 조금 늦기 때문에 느긋한 오후에 들러 디저트를 즐기는 것이 좋다. 대학가 근처이기 때문에 대부분 젊은 손님들이 많아 종종 붐비기도 하지만 아기자기한 테이블에 앉거나 모르는 사람들과 함께 사용하는 커다란 테이블이라도 디저트를 즐기기에는 나쁘지 않다.

즉석에서 따뜻하게 만들어 내오는 쇼콜라 퐁당이 있는 곳. 가또 에 마미에서 진한 초콜릿으로 하루의 피로를 풀어보는 것도 좋을 것 같다.

쇼콜라 퐁당 4800원
초콜릿의 진한 맛과 부드러운 식감이 전해진다. 단품으로 팔기도 하고 추가요금을 내면 소스를 함께 곁들여 맛볼 수 있다. 달달한 쇼콜라 퐁당을 주문할 때에는 단맛이 가미되지 않은 음료로 주문하자.

수제아이스크림 5500원
마다가스카르산 바닐라빈을 듬뿍 넣어 만드는 수제 아이스크림, 바닐라와 발로나 초콜릿으로 진하게 만든 초콜릿 아이스크림 2가지가 함께 컵에 담겨 나온다. 집에서 만든 것 같은 진한 맛이 느껴진다.

Mobssie

깊고 진한 초콜릿 케이크
몹시

몹시는 유명한 카페들이 알차게 들어선 홍대 골목에 자리 잡고 있다. 마치 유럽 어느 골목의 오래된 카페처럼 따뜻한 분위기로 손님을 맞고 있다. 실제로 파리에 있는 카페를 모티브로 삼았다는 이곳은 초콜릿으로 만든 음료와 케이크를 전면에 내세운 디저트 카페다. 진한 에메랄드빛 외관이 저 멀리서도 눈에 띈다. 최근 2층까지 확장공사를 했으며, 평일인데도 카페 내 가득 차 있는 손님이 몹시의 인기를 증명하고 있다. 숍 실내는 온통 하늘색이 가득한 공간에 프레임은 화이트, 장식장과 선반은 레드로 포인트를 주어 이국적인 외관의 느낌을 이어가고 있다. 타일로 장식된 원목테이블이 나란히 놓여 있는데 테이블 간격이 좁아서 서로 간의 대화가 들린다는 점은 아쉬웠다. 벽에는 여러 가지 프레임의 사진들이 붙어 있다. 천장에는 이동식 레일에 조명이 있어서 이 역시 감각적으로 보인다. 메뉴판을 보면 메뉴마다 자세한 설명이 되어 있어 선택할 때 고민을 덜어준다. 손님이 많이 들어서면 움직이기조차 어려운 공간이지만 초콜릿 케이크를 보는 순간 오히려 작은 공간이 아담하고 예쁘게 느껴진다.

몹시에서 가장 인기 있는 메뉴 '바로 구운 초콜릿 케이크'는 주문이 들어온 뒤 오븐에 굽는다. 여기서 바로 구운 초콜릿 케이크는 퐁당 오 쇼콜라(Fondant au chocolat)를 말하는데, 프랑스어로 '녹는 초콜릿'이라는 뜻으로, 1981년 미셸 브라

몹시
주소 서울시 마포구 서교동 334-16
전화 02-3142-0306
영업시간 14:00~23:00
휴일 화요일
교통 지하철 2호선 홍대입구역 8번 출구 도보 10분 거리

(Michel Bras)가 케이크 반죽에 얼린 가나슈를 넣어 구워낸 것에서 비롯되었다고 한다. 최근에는 달걀 설탕 박력분을 섞은 데에 버터와 초콜릿을 녹여 넣은 것으로 겉면만 살짝 익혀 반을 갈라보면 안쪽의 반죽이 흘러나오는 형태를 띠고 있다. 주문하고 약 15분 뒤에 갓 구운 퐁당 오 쇼콜라가 나오면 대부분의 손님들은 탄성을 지르기 마련! 화산의 마그마처럼 흘러넘치는 촉촉하고 진한 초콜릿을 맛볼 수 있기 때문이다. 주문한 손님들 모두 초콜릿의 맛에 퐁당 빠져 즐기고 있었다.

몹시에서는 바로 굽는 초콜릿 케이크를 영국의 유명한 도자기회사 헨리 왓슨 (Henry Watson)의 도기 제품 중 테라코타 라인의 벽돌색 컵에 구워내고 있다. 테라코타 특유의 느낌이 살아 있는 도기와 초콜릿 케이크는 몹시 안에서 아주 잘 어울리고 있었다. 초콜릿뿐만 아니라 수제 아이스크림도 맛볼 수 있는데, 아포가토처럼 컵 위에 따뜻한 초콜릿을 부어 먹게 된다. 진한 초콜릿 향이 거침없이 코끝을 간질였고 오렌지꽃 향이 나는 아이스크림은 향긋했다. 이 둘의 만남이 절묘한 조화를 이룬다. 특히 초콜릿의 열에 의해 사르르 녹아내린 아이스크림이 독특했는데, 공기 주입을 많이 하지 않아 부드럽기보다는 셔벗에 가까운 형태로 입안을 가볍게 정리해준다. 힘든 일이 있거나 스트레스받는 일이 생길 때 어렵고 힘들었던 순간에 늘 생각나는 것은 진한 초콜릿이었다. 매번 혼자서 이겨내거나 시간이 흘러 자연스럽게 해결되기도 했지만 때로는 진한 초콜릿의 힘을 빌려 스트레스를 날려버리는 것도 좋았다. 몹시를 방문해 초콜릿을 만난 오늘, 스트레스를 물리치고 또 나아갈 준비를 마친 느낌이다. 진한 초콜릿 케이크와 수제 아이스크림이 생각난다면 그리고 스트레스를 날려버리고 싶다면 몹시를 방문해보자.

아이스크림과 뜨거운 초콜릿
6500원
진하게 녹인 쌉싸래한 초콜릿과 오렌지꽃 향이 나는 향긋한 아이스크림의 절묘한 만남. 잘 어울리지 않을 것 같지만 완벽한 조합이었다.

바로 구운 초콜릿 케이크
5000원
영국의 도기에 구워져 나오는 초콜릿케이크, 심장에 따뜻한 초콜릿을 품은 케이크다. 따뜻할 때 스푼으로 초콜릿을 떠먹으면 좋다.

Palette Seoul

내 입안의 작은 사치
팔레트 서울

마카롱이란 아몬드 가루, 설탕, 달걀흰자를 사용해 만드는 프랑스 과자다. 가운데에 크림을 샌딩하여 만드는데, 마카롱의 이름과 성격을 결정짓는 것은 그 안에 들어가는 크림이다. 12가지 다양한 마카롱을 맛볼 수 있는 마카롱 전문 카페 '팔레트 서울'을 찾아갔다.

수많은 갤러리와 맛집, 특색 있는 카페가 즐비한 문화지구 삼청동. 이곳에 팔레트 서울이 자리하고 있다. 겨자색 3층 벽돌건물 외벽에 마카롱을 풍선처럼 그려놓은 그림이 로맨틱해 보인다. 노란색 차양 사이로 들여다보이는 형형색색의 마카롱이 기분을 좋게 한다.

달콤한 안쪽 공간을 들여다보면, 가장 먼저 눈길을 끄는 건 마카롱으로 가득 찬 쇼케이스다. 캐러멜 살레, 프랄린, 와사비, 얼그레이, 레몬, 라즈베리, 코코넛, 피스타치오, 바닐라 등 다양한 종류의 마카롱이 가득하다. 게다가 마카롱을 채도에 맞게 진열해둔 모습도 인상적이다.

팔레트 서울에서는 12가지의 달콤하고도 고소한 마카롱 외에, 매일매일 매장에서 갓 구워지는 네 가지 맛의 까늘레를 맛볼 수 있다. 까늘레란 보르도의 한 수도원에서 처음 만들어진 과자로, 겉은 바삭바삭하고 속은 보들보들해서 커스터드크림 같은 느낌이 나는 과자다. 동으로 된 전용 틀에 식용 밀탑을 발라 굽는다. 마카롱과

잘 어울리는 프리미엄 에스프레소 커피와 마리아쥬 같은 프랑스 홍차 베리에이션도 좋다. 게다가 예쁜 모양의 티팟들도 준비되어 있다.

다양한 세트메뉴가 있는데 싱글 팔레트는 마카롱 1개와 아메리카노가 나오는 것으로, 혼자 와도 부담 없이 즐길 수 있다. 스마트 팔레트는 마카롱과 까늘레로 구성된 세트로, 연인이나 친구와 함께하면 좋다. 구성은 마카롱 2개, 까늘레, 아메리카노가 나온다. 이밖에 프리미엄 팔레트, 아이스크림 팔레트, 쇼콜라 팔레트 등 다양한 세트메뉴가 준비되어 있으니 취향에 맞게 주문하면 된다. 특별한 날 마카롱을 담아 선물할 수 있는 세련된 패키지도 마련되어 있으며 온라인 주문도 가능하다.

내부는 생각보다 아담한 구조로 1층에는 마카롱을 살 수 있는 숍이 있다. 2층에는

팔레트 서울
주소 서울시 종로구 삼청동 39
전화 02-720-4697
영업시간 11:00~23:00
휴일 연중무휴
교통 광화문역 KT빌딩 앞이나 시청역 프레스센터 앞에서 11번 마을버스 타고 한국금융연수원 앞 하차
홈페이지 www.palettemacaron.com

카페를 두어 프랑스 오리지널 디저트를 커피 또는 홍차와 함께 편안하게 먹을 수 있도록 했다. 큰 창이 있는 2층 카페에서 삼청동 풍경을 구경할 수 있다. 3층은 흡연구역으로 테라스 자리가 있다.

디저트는 먹는 것 이상으로 보는 즐거움을 준다. 프랑스 디저트 마카롱이 아직 낯설다면 한번 들러보자. 한결같은 맛과 친절함으로 오래 두고 찾을 수 있는 팔레트 서울이다.

얼그레이 2000원
얼그레이 찻잎을 그대로 넣어 만든 것으로 얼그레이 향이 솔솔 풍기며 입안에 기분 좋은 여운을 남긴다. 향이 진해서 마치 홍차 한 잔을 마시는 느낌이다.

캐러멜 살레 2000원
바삭한 겉껍질과 녹아내릴 듯 부드러운 속 그리고 향과 맛이 뛰어난 크림. 이 삼박자가 환상의 조합을 이룬다. 캐러멜 살레는 생크림의 진한 맛과 간간이 입안에서 전해지는 소금의 짭짤한 여운이 감칠맛이 난다.

라즈베리 2000원
라즈베리는 라즈베리 홀(whole)이 그대로 씹혀 맛이 진하다. 베리의 새콤한 맛과 아몬드의 고소한 두 가지 맛이 공존하는 마카롱이다.

프랄린 2000원
프랄린 견과류의 고소함과 달콤함이 조화롭다.

싱글 팔레트 5500원
마카롱 한 개와 아메리카노 한 잔을 함께 즐기는 세트. 하얀 접시 위에 서브된 마카롱들은 팔레트에 물감을 짜놓은 것처럼 색이 선명하고 아름답다. 마카롱은 겉이 바삭하면서도 속은 부드러운 것이 특징이다. 입에 물었을 때 사이에 들어 있는 크림이 겉돌지 않고 부드럽게 녹는다.

Jubilee Chocolatier

초콜릿에 관한 모든 것
쥬빌리 쇼콜라띠에

초콜릿 납품 및 사인판을 생산해온 쥬빌리가 2006년 캐주얼한 분위기의 쥬빌리 쇼콜라띠에를 오픈했다. 쥬빌리(Jubilee)는 히브리어로 희년(禧年)을 말하며, 풍요롭고 기쁨의 축제를 벌임을 뜻한다고 한다.

쥬빌리 쇼콜라띠에는 초콜릿, 쿠키, 케이크 등 해당 분야의 최고 전문가들이 만드는 초콜릿, 베이커리 브랜드다. 초콜릿에 관한 모든 것이 있다고 할 만큼 다양한 제품이 가득한 초콜릿 전문 카페다.

직영점 여의도 1, 2호점을 비롯하여 대학로, 종각, 이태원에도 숍을 두어 초콜릿을 좋아하는 사람들에게 최고의 맛과 품질을 선보이고 있다. 여러 매장 중 전통과 현대가 공존하는 삼청동에서 쥬빌리 쇼콜라띠에를 만났다.

매장에 들어서자마자 숍 가운데에 카카오 열매로 장식한 나무가 보인다. 쇼케이스에서는 초콜릿 까페답게 어디서도 맛볼 수 없는 초콜릿과 다양한 초콜릿 케이크가 준비되어 있다. 수제 초콜릿을 중심으로 케이크는 물론 차, 커피, 음료가 모두 초콜릿을 원료로 한 메뉴들이다.

콜럼비아산 유기농 원두를 사용하여 만드는 쥬빌리 커피는 까페라떼, 화이트 초콜릿 모카를 비롯하여 다양한 종류로 즐길 수 있고, 초콜릿의 깊고 진한 맛을 느낄 수 있는 쥬빌리만의 색을 담은 초콜릿 음료도 다양하다. 과일 또는 꽃 향기가 나는 프

 쥬빌리 쇼콜라띠에
주소 서울시 종로구 삼청동 126
전화 02-733-7736
영업시간 08:00~22:00
휴일 연중무휴
교통 안국역 2번 출구 앞에서 마을버스 종로01, 종로02 타고 약 20분
홈페이지 www.jubileechocolatier.com

랑스 전통 '니나스'티도 다양한 맛으로 즐길 수 있다.

쥬빌리 쇼콜라띠에에서는 팜유 같은 대용유지를 첨가하지 않은 순수 리얼 초콜릿을 만들고 판매한다. 초콜릿을 입에 넣으면 사르르 녹아드는 것은 카카오 버터의 녹는점이 체온과 비슷하기 때문이다. 카카오버터 100%로 만든 초콜릿을 사용해서 부드러우면서도 진하고 깊은 맛이 난다.

30여 가지가 넘는 초콜릿들은 기호에 맞게 골라 6~20개 단위로 박스포장이 가능하다. 초콜릿 주문제작 서비스를 하고 있는데, 회사 로고나 이니셜 초콜릿으로 맞춤이 가능하다고 하니 메시지를 담아 나만의 세트를 구성해 보는 것도 좋겠다.

하바나 코코아 2000원
진한 카카오 가루의 쌉싸래한 맛과 부드러운 생크림의 은은한 조화가 감미로운 초콜릿이다.

후람보아즈 5500원
다크 가나슈에 산딸기 퓨레를 넣어 만든 '후람보아즈'는 산딸기 향이 그윽한 가나슈가 인상적이다(삼청동 지점에는 없는 메뉴다).

레이즌 럼 2000원
쥬빌리 쇼콜라띠에 상호가 전사지로 새겨진 초콜릿으로 럼에 불린 건포도가 들어 있다.

초콜릿음료
퓨어 4800원, 클래식 6300원, 비터 6800원
초콜릿 음료는 카카오 함량에 따라 퓨어(24%), 클래식(70%), 비터(85%)로 구성되어 있다. 퓨어는 일반적으로 가정에서 먹는 코코아 맛이고, 클래식은 달지 않고 진한 맛이 인상적이다. 비터는 쓴맛이 강하므로 달지 않은 것을 좋아한다면 도전해보자.

까늘레는 수녀원에서 처음 만들어진
구움과자입니다. 겉은 바삭하고 안쪽은 벌집
모양으로 촉촉한 까늘레를 집에서 만들어 보세요.

오뗄두스의 **보르도 까늘레** 만들기

재료
우유 250ml, 버터 20g, 바닐라빈 1/2개, 달걀 30g, 노른자 30g, 설탕 120g, 박력분 55g, 럼주 1Ts, 밀납 약간

만들기
1 우유에 버터와 바닐라빈을 넣고 80도로 데웁니다.
2 달걀과 노른자, 설탕을 한번에 섞은 후 체친 박력분을 넣고 다시 섞습니다.
3 2에 1의 우유를 넣고 섞은 것을 냄비에 올리고 걸쭉하게 될 때까지 끓입니다.
4 체에 한 번 걸러줍니다.
5 럼주를 넣어 완성한 반죽을 냉장고에서 하루 휴지합니다.
6 식용 밀납을 준비합니다.
7 밀납을 녹여서 틀에 부어 코팅해둡니다.
8 하루 휴지한 5의 반죽을 까늘레 틀에 80~90% 팬닝하고 200도 오븐에서 20분, 190도로 낮춰서 20분 더 구으면 완성.

Recipe

* 쿠키에 얼그레이 홍차잎을 넣으면 은은한 홍차향 덕분에 티타임에 아주 잘 어울리는 쿠키를 만들 수 있습니다.

시오코나 쿠키처럼 작고 귀여운 **티 쿠키** 만들기

재료
버터 50g, 설탕 40g, 우유 20g, 얼그레이 홍차잎 4g, 박력분 100g, 소금 약간

만들기
1 볼에 부드러운 버터를 넣고 풀어준 뒤 설탕을 넣어 섞습니다.
2 우유를 조금씩 넣어 섞어주세요.
3 얼그레이 홍차잎을 넣어 섞어주세요.
4 박력분을 체 쳐 넣고 섞어주세요.
5 반죽을 10g 정도씩 떼어 뭉친 뒤 길게 굴려 모양을 만들고 말굽 모양으로 오븐팬 위에 올려줍니다.
6 모양을 만들어둔 반죽을 170로 미리 예열해둔 오븐에 넣어 15분 정도 구워주면 완성.

Tip
홍차잎이 티백일 경우 뜯어서 넣으면 됩니다.
잎차일 경우에는 티백 차처럼 잘게 갈아서 사용하면 됩니다.

Part 4
따뜻한 차와 함께

전통 떡과 커피가 잘 어울리는 떡 카페 | **희동아 엄마다** | 오후의 홍차 | **디 애프터눈** | 질 좋은 커피를 합리적인 가격에 맛보는 | **클럽 에스프레소** | 건강한 음료들을 만나볼 수 있는 곳 | **카페 오시정** | 차와 함께 한옥에서 쉬어가는 공간 | **아름다운 차 박물관** | 사계절 맛있는 팥빙수를 맛볼 수 있는 곳 | 담장 옆에 **국화꽃** | 미술관 안 디저트 | **카페 이마** | 영국식 티타임을 즐길 수 있는 곳 | **페코티룸** | 팥빙수의 최고봉 | **밀탑** | 여행을 떠나요 | **호호미욜** | 조용하게 가정식 디저트를 맛볼 수 있는 곳 | **마마스 키친** | 꽃과 케이크가 있는 곳 | **블룸&구떼** |

Heedonga Ummada

전통 떡과 커피가 잘 어울리는 떡 카페
희동아 엄마다

'희동아 엄마다!'라는 조금은 독특한 이름으로 삼청동 골목에 오픈한 떡 카페. 이곳은 일반적인 빌딩 건물이 아닌 아담한 한옥을 개조해서 만든 카페로, 겉에서 보기에는 한옥이지만 내부는 내추럴한 나무 테이블과 핑크색 파스텔톤으로 꾸며져 있다. 조금은 소녀적인 감성의 아기자기한 인테리어 때문인지는 몰라도 젊은 사람들이 도란도란 앉아 떡을 먹으며 담소를 나누는 광경을 쉽게 볼 수 있다.

카페는 'ㄱ'자 모양의 내부에 주방과 테이블이 놓여 있고, 한옥의 중심이 되는 곳의 바깥쪽으로 야외 테이블이 마련되어 있어 선선할 때에는 야외 테이블에 앉아 떡을 맛보는 것도 운치 있다. 매장 안쪽 오픈키친 앞으로는 케이크숍처럼 떡 메뉴 쇼케이스가 작게 마련되어 있다.

희동아 엄마다의 다양한 '작은떡' 메뉴들은 그냥 떡이라기보다는 작은 컵케이크를 떠올리는 모양을 하고 있다. 머핀 모양의 설기를 기본으로 떡 속에 각 재료의 필링이 듬뿍 들어가 있고 설기 위쪽으로는 팥으로 만든 하얀 크림을 듬뿍 짜 올려 데코했다. 그 위로 포인트를 주기 위해 작은 꽃 모양 절편도 장식으로 올렸다. 특히 이 작은떡 메뉴들은 따뜻할 때 바로 맛을 보아야 그 맛을 제대로 느낄 수 있다. 따뜻할 때 떡을 잘라보면 안쪽에 들어간 필링들이 부드럽게 흘러내린다.

사용하는 재료 역시 떡 카페답게 국산 쌀가루를 사용하고 색을 낼 때도 식용색소가

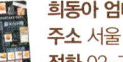
희동아 엄마다
주소 서울 종로구 소격동 104
전화 02-720-0704
영업시간 12:00~23:00
휴일 월요일
교통 3호선 안국역 도보 15~20분
홈페이지 heedonga.com

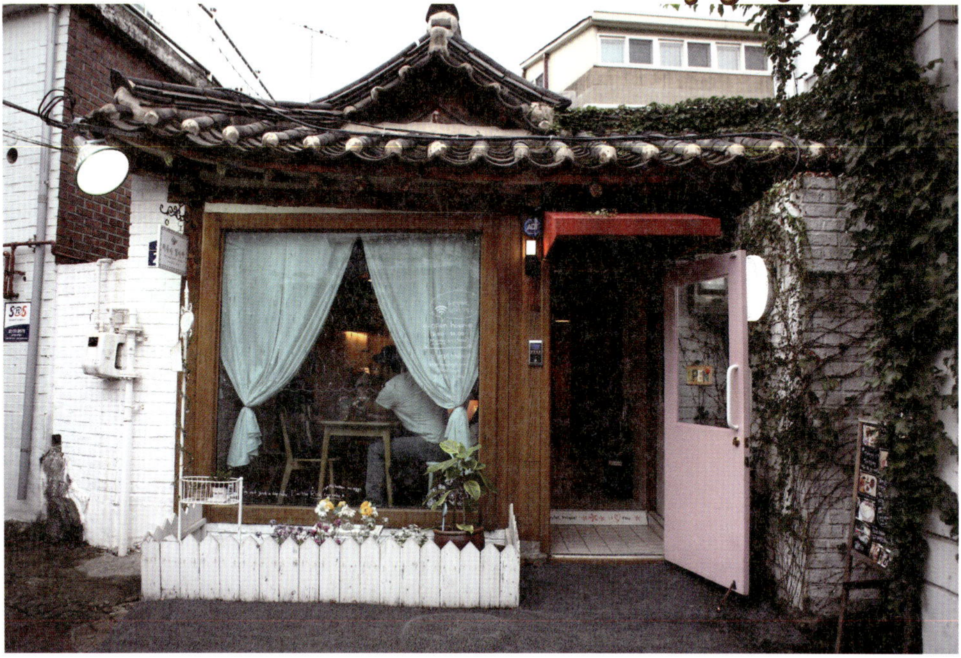

아닌 블루베리나 딸기, 단호박, 흑임자, 초코, 녹차, 홍차 등 천연 재료의 특성을 살려 색을 내서 만들기 때문에 안심하고 먹을 수 있다.

이곳 희동아 엄마다 떡 카페에는 떡 만들기에 관심 있는 손님들을 위한 강좌도 준비되어 있다. 집에서 이곳 떡 메뉴를 직접 만들어 먹고 싶다면 희동아 엄마다 떡 만들기 강좌를 들어보는 것도 좋다.

4계절 따뜻한 작은떡을 맛볼 수 있으며 떡과 어울리는 드링크 종류도 주문해 먹을 수 있다. 그리고 여름 한정 메뉴로는 우유를 얼려서 갈아 듬뿍 넣고 쫄깃쫄깃한 인절미를 넉넉하게 채워 뚝배기에 내는 뚝배기 우유빙수가 별미다. 삼청동 좁은 골목 골목을 걸어 다니면서 케이크보다는 우리 떡을 구수한 커피 한잔과 맛보는 것도 색다른 재미가 아닐까?

통팥 견과류 찹쌀파이 6000원
버터나 밀가루를 전혀 사용하지 않고 만드는 파이. 순수 찹쌀로 만들어진 파이지 위에 통팥, 피칸, 호두, 밤 등 값비싼 견과류들을 실하게 올려 구워냈다. 베이커리에서 흔하게 보는 파이와는 차원이 다른 맛이기 때문에 달지 않고 느끼함이 전혀 없어서 여러 조각을 먹어도 될 듯한 그런 건강한 파이다. 특히 쫄깃한 식감이 고소한 견과류들과 잘 어울려 아이들 영양 간식으로도 최고일 것 같은 메뉴.

초코 작은떡 5200원
초코 설기 안으로 초코칩과 초코 필링이 들어가 있는 퓨전 떡. 떡이 따뜻할 때 갈라보면 초코 필링이 마치 퐁당쇼콜라를 먹을 때의 느낌처럼 주르륵 흘러내려 입맛을 더욱 자극한다. 우리네 떡과 초콜릿이 이렇게 잘 어울리는 줄 이 메뉴를 맛보고 처음 알았다.

딸기 작은떡 5200원
핑크색의 사랑스러운 작은 컵케이크를 떠올리는 딸기 작은떡. 딸기 필링이 듬뿍 들어가 있고 크렌베리 칩과 팥크림을 함께 먹으면 쫄깃쫄깃 달콤한 맛에 반하게 된다.

단호박 작은떡 5200원
단호박을 넣어 만든 설기답게 노랗고 귀여운 색감을 자랑한다. 단호박 필링과 호박칩이 들어가 있어 떡을 잘라 먹으면 필링과 함께 쫄깃하게 씹히는 호박고지의 맛이 일품이다.

희동아 엄마다 떡 카페 김희동 오너셰프 인터뷰

"건강하고 아름다운 우리 떡이 더 많이 사랑받기를 바랍니다"

새로운 감각으로 우리 떡을 빚어내는 정성 덕분에 젊은 세대 뿐 아니라 외국인들의 입맛까지 사로 잡고 있는 희동아 엄마다 떡 카페. 서양의 화려한 케이크보다는 소박하고 정직한 우리 떡을 선택한 김희동 오너셰프를 만나보았다.

매장을 운영하게 된 계기는 무엇인가요?

어렸을 때부터 워낙 요리에 관심이 많았거든요. 다양한 외식문화를 접해보고자 대학교 졸업을 한 학기 남겨두고 뉴욕으로 유학을 갔었는데 그곳에서 우연히 사 먹은 돌덩이 같은 인절미에 너무나 실망했어요. '코리안푸드 = 웰빙'이라는 이미지로 전 세계가 우리 음식에 한창 주목하기 시작하던 바로 그 때였는데 말이에요. 그래서 서양의 화려한 케이크가 아닌 더욱 건강하고 아름다운 디저트인 우리떡을 배우고 만들어 다시금 내가 이 넓은 곳에 알려야겠다는 결심을 하고 한국에 돌아와 무작정 떡을 배우기 시작했답니다.

그 당시 제 나이 24살. 분명 떡과 함께 수십 년의 세월을 보내오신 장인들의 실력을 따라잡기는 어려울 거라 생각했어요. 대신 저처럼 떡보단 케이크를 더 좋아하는 젊은 세대나 외국인들도 모두 맛

있게 즐길 수 있도록 젊은 감각을 담아낸 떡을 만들어보자하는 생각으로 전통떡보다는 퓨전떡 만들기에 더욱 관심을 기울이기 시작했어요. 그렇게 해서 하나둘씩 저만의 레시피가 늘어갔고, 떡을 만들면 만들수록 더욱 재미있어졌어요. 그러다 현재 희동이네 까페 주메뉴인 작은떡 중 딸기 작은떡이 처음 완성된 순간, 이제는 까페를 오픈해 운영해도 되겠다는 생각이 머릿속을 스치고 지나가더라고요.

일을 하면서 가장 보람되거나 기억에 남는 일이 있다면?
↪ 보람된 순간들이 정말로 많았어요. 까페를 운영하는 것이 생각보다 훨씬 더 힘들고 고된 일이었지만 보람된 순간의 기쁨이 더 컸기에 지금까지 잘 버텨낼 수 있었다고 말할 정도로요. 그중에서 제일 좋을 때는 떡을 처음 접해보는 외국인들이 맛있게 먹고, 한국 사람도 찾기 어렵다는 삼청동 골목 안쪽에 있는 희동이네를 다시 찾아올 때입니다. 한국으로 출장 올 때마다 꼭 들렀다 가는 손님도 계시고, 약혼녀에게 선물하고 싶다며 일부러 공항 가기 직전에 들려 포장해간 신사분도 계셨어요. 또 요즘에는 일본 방송과

잡지에 여러 번 소개되어서 일본 분들이 특히나 많이 찾아오시는데, 얼마 전에는 일본에서 본격적으로 희동이네 작은떡을 생산해 판매해보자는 제의도 받았답니다. 집에서 잠자는 시간 빼고는 항상 까페에서 일을 해야 하기 때문에 늘 만성피로에 시달리고 있지만, 내일은 또 어떤 즐거운 일들이 기다리고 있을지 설렘으로 하루하루를 보내고 있어요.

희동아 엄마다 카페에서 추천하고 싶은 메뉴가 있다면?
⇨ 처음에 오픈할 때만 해도 작은떡 종류는 5가지가 전부였어요. 하지만 시즌마다 새로운 메뉴를 개발하고 인기가 좀 덜하거나 계절에 따라 재료 공급이 막히는 메뉴를 제외해서, 나니 지금은 총 12가지의 작은떡을 매일 맛볼 수 있게 되었답니다.
열 손가락 깨물어 안 아픈 손가락 없다지만, 그래도 가장 있기 있는 녀석을 고르자면 '딸기 작은떡'입니다. 남녀노소 누구든 부담 없이 즐길 수 있습니다. 또 작은떡을 드실 때 희동이네에서만 맛볼 수 있는 탄산커피를 곁들이면 목이 메지 않고 더욱 맛있게 드실 수 있어요. 떡에는 버터나 달걀이 들어가지 않기 때문에 다양한 우유 음료를 곁들이면 더욱 건강하게 즐길 수 있어요. 우유 중에서는 '달콤 고소 분유맛 우유'나 '진짜진짜 쪼꼬 우유'가 인기랍니다. 마지막으로 커다란 뚝배기에 푸짐히 담아내는 '뚝배기 우유빙수'가 여름철뿐 아니라 사계절 내내 많은 사랑을 받고 있습니다.

앞으로의 매장 운영 계획이 궁금합니다.
⇨ 희동이네는 까페를 오픈하기 전부터 꿈꿔오던, 우리 떡을 세계에 알리는 데에 가장 큰 목표를 두고 있어요. 단순히 돈을 벌 목적이었다면 떡 까페가 아닌 일반 프랜차이즈 까페를 오픈했겠지요. 오픈 직후부터 프랜차이즈 제안을 많이 받아왔지만 모두 거절했답니다. 그렇기에 아직은 삼청동에 자리 잡은 희동이네를 더욱 강하고 튼튼하게 키우는 데 집중하고 있어요.
떡의 단점인 노화를 늦추고, 떡의 장점을 살리면서도 새로운 맛을 낼 수 있도록 메뉴 개발도 꾸준히 하고 있고요. 떡을 만드는 일 뿐만 아니라 어떻게 해야 매장을 잘 운영하는 건지도 매일 직접 부딪히며 배우고 익히는 중이랍니다.
한편 또 다른 저, 제2의 김희동을 키우는 데에도 노력하고 있어요. 문하생을 선발해 제가 그동안 완성해 온 떡 만드는 기술은 물론 까페 운영에 관한 전반적인 것들을 가르쳐주고 있어요. 건강하고 아름다운 우리 떡을 잘 만들 수 있는 사람이 지금보다 더 많아지고, 그래서 더 많은 사람이 우리 떡에 관심을 가져야만 세계 속에서 웰빙 디저트로 우리 떡이 더 많이 주목받고 사랑 받을 수 있을 거라 믿습니다.

The AFTERNOON

오후의 홍차
디 애프터눈

애프터눈 티는 영국인의 전통적인 식사 습관이다. 점심과 저녁 사이 즉, 3~4시 정도에 차를 마시며 휴식하는 문화를 말한다. 스콘, 샌드위치, 쿠키 등 간식과 함께 마시는 것이 일반적이다. 집에서 가끔 애프터눈 티를 즐기곤 하는데, 아끼는 홍차 잔을 꺼내 찻잎을 우리는 시간만큼은 왠지 영국의 귀부인이 된 것 같은 착각이 든다. 그런데 티푸드가 항상 단출한 쿠키뿐이어서 영국에서 맛보았던 3단 트레이에 올라오는 풍성한 티푸드가 그리워지곤 했었다. 그러다가 비교적 저렴한 가격으로 애프터눈 티 세트를 맛볼 수 있다는 곳이 있어 찾았다.

가로수길에 위치한 디 애프터눈 카페는 티타임을 컨셉으로 2010년에 오픈한 티 하우스다. 계단을 올라 2층 입구에서 바라보니 창으로 들어오는 햇살 덕분에 내부가 밝은 느낌이다. 블루 페인트의 벽면에 화이트 테이블과 의자가 배치되어 전체적으로 시원한 느낌이다. 영국에서 생활했다는 주인이 영국에서 공수해온 뷰로(bureau) 위 소품들이 방문자의 눈에 띈다. 왼쪽의 커다란 창가에는 바 형태의 자리가 준비되어 있고 다양한 잡지가 놓여 있어서 혼자 방문해도, 약속한 친구가 늦어도 심심하지 않을 공간이다.

따뜻한 햇볕이 들어오는 안쪽 창가에 자리를 잡았다. 메뉴는 애프터눈 티 세트, 메이페어 세트 등 세트 메뉴가 있고 단품도 준비되어 있다. 4단 트레이가 나오는 애프

 디 애프터눈
주소 서울시 강남구 신사동 529-6 2층
전화 02-547-8667
영업시간 11:30~23:30
휴일 명절
교통 압구정역 5번 출구에서 직진해서
신사중학교 건너편 골목 안

터눈 티 세트를 주문했는데, 홍차는 홍차 리스트를 보고 선택하면 된다. 다양한 홍차가 준비되어 있었는데, 나는 타바론의 크림슨 펀치로 주문했다.

애프터눈 티 세트를 주문하면 티가 먼저 세팅된다. 티팟 하나에 2인이 마실 수 있는 차가 나오는데 양이 꽤 많은 편이다. 타바론 크림슨 펀치의 수색이 정말 아름답다. 상큼한 과일향이 좋은 과일 홍차로, 카페인이 없어서 부담 없고 과일향이 입안을 감돌며 긴 여운을 준다. 홍차를 마시며 이야기를 나누다 보면 주문한 애프터눈 티 세트 4단 트레이가 나온다.

1단에는 쿠키들과 브라우니, 그 사이에 귀여운 도기 곰돌이들이 놓여 있다. 그중 해바라기처럼 생긴 로미아스 쿠키가 참 예쁘다. 모양이 선명하고 쿠키 안쪽의 누가틴도 좋다. 브라우니는 윗면의 데코스노우 때문인지 나에게는 조금 달았는데 같이 간 친구는 맛있다며 좋아했다. 2단에 올려진 참치 샌드위치도 맛이 괜찮다. 3단에는 샐러드가, 4단에는 따뜻한 스콘이 있다. 스콘은 바로 구워 주기 때문에 샌드위치보다 약간 늦게 나온다. 담백하고 따뜻한 스콘에 버터와 딸기잼이 곁들여진다.

요즘은 음료 한 잔에 만 원이 훌쩍 넘는 곳도 많은데 이곳에서는 1만 7000원에 홍차, 샌드위치, 스콘, 브라우니와 쿠키들까지 즐길 수 있고, 오랫동안 편안하게 수다를 떨기에도 좋다. 페퍼민트 허브차인 쿨민트와, 미숫가루와 에스프레소의 조합이 좋았던 미숫가루 라떼도 추천메뉴다.

애프터눈 티 세트 1만 7000원(2인)
스콘 2개, 샐러드, 샌드위치 2개, 브라우니, 쿠키들 그리고 티로 구성되어 있다. 화려하고 고급스러운 티 세트라기보다는 소박하고 편안한 구성이다.

CLUB ESPRESSO

질 좋은 커피를 합리적인 가격에 맛보는
클럽 에스프레소

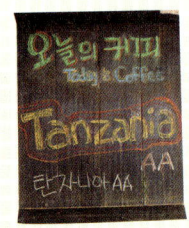

부암동은 서울 시내를 두 발로 다닐 경우에는 참으로 가기 불편한 동네다. 서울 외곽에 사는 나는 버스를 타고 서울까지 나가 지하철을 타고 내려서 다시 버스로 환승해서 가야 한다. 그럼에도 시간이 날 때마다 부암동 커피상점 클럽 에스프레소에 들르게 되는 이유는 신선하고 질 좋은 커피를 좋은 가격에 구입할 수 있기 때문이다.
부암동은 그리 큰 동네가 아니다. 몇 발자국 걸어가면 이 가게가 있고 뒤로 돌면 저 가게가 있을 정도로 작고 비탈길도 많다. 천천히 걸어 다니며 이곳저곳을 기웃거리고 구경하기 즐거운 아담한 동네다. 그런 부암동에서 커다란 3층짜리 가정집 같은 건물에 커피 상점 클럽 에스프레소가 있다. 빨간 벽돌, 나무로 만들어진 문, 초록의 나무들, 편안한 분위기가 먼저 손님들을 맞이한다.
클럽 에스프레소는 국내에서 처음 커피 아카데미를 운영했던 주인장이 오래전 부암동으로 매장을 이전하면서 오픈한 곳이다. 1층은 커피를 구입하거나 마실 수 있는 커피 상점과 카페 공간으로, 2층은 커피를 볶는 로스팅 기계가 있는 커피 공장과 실험 연구실과 커피 생두를 보관하는 창고로, 3층은 사무실과 세미나실로 운영하고 있다. 카페 내부도 건물 외관의 빨간 벽돌과 잘 어울릴 만한 원목 느낌을 살려 꾸며져 있고 의자와 테이블 모두 원목으로 만들어져 있다.
커피 중독자를 위한 커피상점답게 원두를 생산지별로 구분해서 커피를 판매하고

클럽 에스프레소
주소 서울시 종로구 부암동 257-1
전화 02-764-8719
영업시간 9:00~23:00
휴일 연중무휴
교통 5호선 경복궁역 3번 출구로 나가 100m 직진해서 나오는 버스정류장에서 7022번, 7012번, 1020번 버스를 타고 부암동 주민센터(부암동사무소)에서 하차
홈페이지 www.clubespresso.co.kr

있다. 또한 판매하는 원두의 가격대가 그리 비싸지 않다. 소량의 경우 7000원대에 구입할 수 있는 것도 있고 많게는 kg 단위로도 구입이 가능하다.

이곳에서는 질 좋은 커피를 대중적인 가격으로 제공하기 위해서 보통의 테이블 주문방식이 아닌 손님이 직접 카운터에서 주문하고 구입하는 셀프서비스 방식으로 운영된다. 원두를 구입하는 손님들을 위한 시음코너도 한쪽에 마련되어 있어서 5가지 정도 직접 맛을 보고 구입할 수 있다. 커피상점답게 원두 외에도 드리퍼나 필터 등 커피용품들을 함께 판매하고 있어서 커피 중독자들에게 많은 편의를 제공한다.

2층으로 올라가면 아직 로스팅하지 않은 생두가 가득한 모습을 볼 수 있고 로스팅 하는 공간도 살짝 엿볼 수 있다. 커피를 전문적으로 배우지 않은 나는 원두의 생산지가 이렇게 다양했다는 사실이 놀라웠고 생산지에 따라 원두의 향이나 맛이 조금씩 달라진다는 사실에 또 한 번 놀랐다.

클럽 에스프레소의 카페 공간은 건물 크기에 비해 그리 넓은 편이 아니다. 대신 테이크아웃으로 커피를 구입할 경우 2000원을 할인해준다. 하루를 커피로 시작하는 나도 이젠 커피 중독자가 된 것일까? 집 커피가 떨어지면 다시 부암동 클럽 에스프레소에서 커피를 고르고 있지 않을까 싶다.

원두커피 6000원~
(종류와 용량에 따라 다르다.)
카페에서 시음코너나 주문코너를 통해 수십 가지의 원두 중 마음에 드는 것들의 맛을 본 뒤 선택하면 좋다. 가격이 그리 비싸지 않아서 커피를 좋아하는 남편을 위해 이곳에서 종종 구입하곤 한다. 원두를 구입하면 원하는 추출방식으로 갈아서 포장해주기도 한다.

브라질 올리베이라 농장
Hot 5000원 Ice 6000원
견과류의 고소한 향기와 캐러멜의 단맛, 카카오의 쌉싸름함을 지녔다고 한다. 구수한 맛이 느껴져 내 입에 가장 잘 맞았다.

핸드드립 커피
Hot 6000원 Ice 7000원
핸드드립 커피는 머신으로 추출하는 커피와는 달리 부드러운 목넘김이 느껴진다. 커피 종류는 그날그날 직원의 추천에 따라 선택하는 것이 신선한 원두를 맛보기에 좋다.

CAFE 5CIJUNG

건강한 음료들을 만나볼 수 있는 곳
카페 오시정

처음 오시정 1호점이 가로수길에 생겼을 때만 해도 프렌차이즈 커피숍과는 차별화 되는 독특하고 아기자기한 분위기가 여성들의 발길을 사로잡았다. 나 역시 가로수길에 갈 때면 친구들과 종종 들러 시원한 홍시 요거트를 주문해서 맛보던 기억이 난다. 하얀 매장 분위기와 낡은 듯한 테이블과 의자, 벽에 걸려 있는 따뜻한 그림들은 작고 소박한 갤러리에 앉아 커피를 마시는 느낌이 들게 했다.

카페 이름인 오시정(5時情)은 다섯 가지 시를 쓰는 마음을 뜻하기도 하지만 오너의 이름이라는 점도 독특하다.

이곳은 오가닉 재료를 사용하는 드링크와 소박한 한국식 브런치 메뉴로도 잘 알려져 있다. 깔끔한 국수와 쌈밥을 맛볼 수 있는가 하면 카레 같은 간단한 식사 메뉴도 즐길 수 있다. 드링크 메뉴 중에서는 수삼우유와 같이 건강을 생각하는 메뉴도 다양하게 준비되어 있다. 양상추를 사용한 음료라든지 홍시를 얼려 요거트와 함께 갈아 만드는 홍시 음료 등 보통의 카페에서는 찾기 어려운 드링크 메뉴들이 있어 더 독특한 느낌으로 다가온다. 또 하나 오시정의 특징이라고 할 수 있는 것은, 어떤 메뉴를 주문하든 제품이 서빙될 때 트레이 위에 아기자기한 소품들을 올려놓아 눈길을 사로잡는다는 것이다. 여러 가지 작고 귀여운 인형이나 깜찍한 화분 모양의 소품들은 주문한 메뉴들을 더 돋보이게 하는 역할을 하고 시각적인 즐거움을 선사한다. 여러 사람

과 함께 가면 각자의 트레이 위에 어떤 소품이 올려지는지 비교하며 즐기는 재미가 쏠쏠하다.

아기자기한 소품뿐만 아니라 이곳에서 음료를 주문하면 꼭 함께 딸려 나오는 메뉴가 하나 있는데, 그것은 바로 따끈따끈한 스콘. 보통 제과점이나 카페에서 스콘 하나를 사 먹으려면 2000원 정도를 지불해야 하는데 이곳 오시정에서는 무료로 제공된다. 무료로 제공되는 스콘이지만 좋은 재료로 직접 구워 만들기 때문에 이 스콘 때문에 오시정을 찾는 손님들도 적지 않다고 한다. 간단하게 배를 채울 수 있고 맛있는 음료도 즐길 수 있어 일석이조다.

처음 오시정이 생겼을 때만 해도 신사동 가로수길에 유일하게 매장이 있었기 때문에 그쪽에 갈 일이 있을 때만 들리곤 했지만 요즘에는 여러 곳에 매장이 생겨나고 있어

카페 오시정 서래마을점
주소 서울시 서초구 반포동 106-8 2F
전화 02-599-1124
영업시간 12:00~23:00
휴일 연중무휴
교통 9호선 신반포역 4번 출구 도보 10분
홈페이지 www.5cijung.com

좀 더 쉽게 찾아갈 수 있게 되었다. 내가 방문한 매장 역시 1호점 가로수길 매장이 아닌 서래마을의 오시정이다. 다른 매장들과 마찬가지로 새하얀 벽면에 내추럴한 우드 인테리어로 따뜻함을 주는 분위기다. 서래마을 오시정은 가로수길 매장보다 넓고 탁 트여 있어 좀더 편안한 느낌을 준다.

햇살이 가득 내리쬐는 창가에 앉아 따끈한 스콘 한 조각과 커피 한 잔을 앞에 두고 여유롭게 수다를 즐기는 시간을 가져보자.

치즈 수플레 1만 원
치즈 수플레는 달걀흰자의 거품을 풍성하게 올려 머랭으로 만들어 섞어 굽기 때문에 다소 시간이 걸리는 메뉴다. 하지만 따뜻하고도 바삭바삭한 식감, 달콤하고 고소한 치즈맛을 듬뿍 느낄 수 있어 잠깐의 기다림도 다 잊게 한다. 사르륵 녹아버리는 풍성한 수플레의 식감을 잘 살린 메뉴다.

오렌지 티 8000원
직접 담가 숙성시킨 오렌지로 만드는 오렌지 티. 차갑거나 뜨겁게 두 가지로 선택하여 즐길 수 있다. 오렌지를 생으로 바로 잘라 만든 티가 아니라 달콤하게 숙성시켰기 때문에 시거나 쓰기보다는 달콤함이 느껴진다.

홈메이드 스콘 1800원(드링크 주문 시 무료)
오시정에서 가장 유명한 것이 아마 스콘이 아닐까 싶다. 맛도 맛이지만 드링크를 주문하면 하나씩 서비스로 내어주기 때문이다. 단품으로 팔기는 하지만 음료와 함께 나오는 이 스콘을 맛보기 위해 오시정을 들르는 손님도 많다.

밀크 빙수 1만 2000원(여름 한정)
큼직한 떡과 함께 직접 만든 팥조림이 듬뿍 얹어 나와 보는 것만으로도 시원하다. 견과류와 커피를 곁들여 먹어도 좋다.

Beautiful Tea Museum

차와 함께 한옥에서 쉬어가는 공간
아름다운 차 박물관

인사동은 전통문화의 거리라는 이름답게 외국인 관광객들로 늘 붐비는 곳이지만 나에게는 가끔 바쁜 일상에서 벗어나 이런저런 구경을 하고 한가하게 거닐며 시간을 보내기 좋은 곳이다. 여유롭게 앉아 차를 즐길 만한 공간이 꽤 있다는 점도 인사동을 찾는 이유다. 그중 많은 사람들에게 편안한 공간으로 사랑받고 있는 아름다운 차 박물관을 소개한다.

아름다운 차 박물관은 한옥을 개조하여 만든 곳으로, 한옥으로 생각하고 무심결에 지나치기 쉬운 외관을 하고 있다. 몇 개의 돌계단을 올라가서 한옥 대문 입구로 들어가면 다양한 볼거리가 펼쳐진 실내가 나온다. 전 세계 110여 종이 넘는 차를 판매하는 티숍 공간이라든가 차에 관련된 차 살림 유물을 전시해둔 박물관, 다양한 작가들의 도자기 작품을 볼 수 있는 갤러리 공간 등 여러 복합공간과 더불어 차를 마시는 현대적인 티 카페 공간에 놀라게 된다. 차를 마시는 공간이지만 차에 관련된 정보들을 한눈에 볼 수 있는, 말 그대로 차 박물관이다.

인사동답게 외국인 손님이 많지만 내국인도 많아서 늘 매장 안은 많은 사람으로 북적인다. 건물 중심에 있는 카페 공간은 테이블만 놓여 있는 것이 아니라 기와지붕 아래로 풍경이 흔들리는 모습을 볼 수 있고 마당에 나무도 있어 누군가의 한옥집 앞마당에서 차를 마시는 기분이 들게 해준다. 특히나 외국인들에게는 이런 경험이 더

 아름다운 차 박물관
주소 서울 종로구 인사동 193-1
전화 02-735-6678
영업시간 10:30~22:00
휴일 명절
교통 인사동 인사사거리를 지나 공화랑사거리 예촌골목 안에 위치
홈페이지 www.tmuseum.co.kr

특별하게 다가올 듯하다. 카페는 한옥 안쪽으로 실내 공간이 더 있긴 하지만 한옥의 마당 격인 외부 공간이 더 시원스럽고 인기다. 유리지붕 아래로 밝은 햇살이 내리쬐기 때문에 시원한 나무테이블에 앉아 차를 즐기기에 운치 있고 여유롭다.

아름다운 차 박물관에서는 다양한 차를 주문하여 맛볼 수 있다. 집에서는 그냥 단순하게 녹차와 말차, 홍차 정도로만 구분해서 마시곤 했지만 녹차 하나에도 어찌나 많은 종류가 있던지, 처음 차를 주문할 때 어떤 차를 고를지 막막해서 직원분의 도움을 받기도 했었다.

차뿐만 아니라 이곳에서는 차를 활용한 현대적인 카페 메뉴들도 많은 사랑을 받고 있다. 대표적인 메뉴가 바로 녹차빙수와 홍차빙수. 가격은 좀 비싸지만 내용물이 충실하고 모양도 재미있어 여름이 되면 누구나 빙수 하나는 꼭 주문한다. 빙수 외에도 녹차 가래떡 구이나 녹차를 넣어 만드는 와플 등도 인기 메뉴. 차를 마시는 동안 전시된 차와 다기들을 틈틈이 구경할 수 있어 지루하지 않다.

우리네 한옥을 꾸민 공간이어서 조금 더 아늑하게 느껴지는 곳. '차'라는 테마로 여러 복합적인 문화공간으로 거듭난 전통한옥에서 여유롭게 차를 마시며 천천히 시간을 보내는 것도 새로운 기분전환이 될 것이다.

녹차빙수 1만 6000원
고봉으로 쌓아 올려 나오는 빙수는 아름다운 차 박물관 베스트셀러 메뉴. 주문하면 작은 녹차 쿠키와 함께 나온다. 겉으로 보기에는 그냥 녹차와 섞은 얼음을 갈아 담아 놓은 것처럼 보이지만 파서 먹다 보면 안쪽에 고소한 견과류들과 연유, 단팥이 숨어 있어 먹는 재미가 있다. 모양도 귀엽지만 많이 달지 않고 맛있다. 가격이 조금 비싸다는 게 단점이다.

녹차 8000~1만 원
여러 가지 다양한 잎차들이 있는데 고르기가 어렵다면 직원의 추천을 받는 것도 좋다. 하지만 어떤 녹차를 선택할지는 본인의 취향이다. 녹차는 너무 오래 우리면 금방 쓴맛이 나기 때문에 적당한 시간만큼만 우려서 마시는 것이 좋다. 잎차에 물을 채워두고 수다를 나누다 보면 순식간에 떫은 녹차로 우러나버리니 신경 쓰자.

Chrysanths next to Wall

사계절 맛있는 팥빙수를 맛볼 수 있는 곳
담장 옆에 국화꽃

떡과 커피가 잘 어울리는, 모던하고 캐주얼한 떡 카페 '담장 옆에 국화꽃'. 신이 가장 마지막에 창조한 완벽한 꽃이라고 불리는 국화꽃처럼 완벽을 위한 노력을 아끼지 않겠다는 의미가 담겨 있는 이름이다. 처음에는 카페 이름이 예쁘고 독특해서 관심을 가졌는데 그곳이 일반 커피만 판매하는 카페와는 달리 우리네 전통 먹거리인 떡을 함께 판매한다는 카페임을 알고 나서는 더 반가웠다.

이곳에서 가장 인기 있는 메뉴를 꼽으라면 밤 대추 팥빙수. 다른 카페와는 달리 빙수가 여름 한정메뉴가 아니라서 언제 어느 때 가더라도 주문해 먹을 수 있다는 것이 특징이다. 빙수가 담겨 나오는 용기가 독특한데, 전통 밥상에서나 볼 수 있는 놋그릇을 용기로 사용해서 시원한 느낌을 더한다. 놋그릇 위로 가득 담긴 얼음과 먹음직하게 조려진 단팥, 커다란 떡고물과 구운 인절미, 노란 밤과 경산에서 난 대추를 바삭바삭하게 동결 건조한 대추 토핑이 독특하다.

기본에 충실한 단팥과 얼음만으로도 맛있지만 여기에 큼직한 떡과 함께 바삭바삭 고소하게 씹히는 대추의 맛이 일품이다. 대추가 이렇게 맛있는 식재료라는 것을 이곳에서 처음 느꼈을 정도. 팥빙수에 대추와 밤을 올린 것은 찬 성질의 얼음과 팥에 따뜻한 성질의 대추와 밤이 만나 차가움을 중화시켜주며 서로 상호 보완되는 식재료이기 때문이다. 음식 궁합 또한 잘 맞는 재료들이라고 한다.

 담장 옆에 국화꽃
주소 서울시 서초구 반포동 92-3번지 1층
전화 02-517-1157
영업시간 9:00~23:00, 주말 10:00~23:00
휴일 연중무휴
교통 9호선 신반포역 4번 출구에서 도보 10분. 서래마을 입구 스타벅스와 던킨도너츠 사이 골목 안쪽
홈페이지 www.ddeockzip.kr

흑미, 보리 새순, 자색고구마, 단호박 4가지 맛과 색으로 눈이 즐거운 인절미 구이도 개인적으로 좋아하는 메뉴 중 하나다. 쫄깃한 인절미를 굽고 조청과 아몬드를 뿌려 맛을 내서 달콤하고도 속이 든든하다.

떡 카페이긴 하지만 드링크 메뉴가 꽤 다양하게 갖춰져 있다. 전문 커피 카페에서나 볼 수 있는 더치커피와 드립커피 같은 여러 가지 커피 메뉴, 다양한 차는 물론 고구마나 단호박을 사용하는 라떼, 오미자나 요거트로 만드는 스무디도 맛볼 수 있다.

매장 안은 떡 카페라는 이미지보다는 다소 현대적인 감각으로 꾸며져 있다. 약간은 이국적이면서도 곳곳에서 전통적인 멋을 찾아볼 수 있다. 카페가 위치한 곳이 프랑스인들이 많이 거주하는 서래마을이라는 특성을 고려해서 이곳의 떡 메뉴들은 한국인뿐 아니라 외국인들 입맛이나 취향에 맞게 만들고 있다고 한다. 프랑스인들이 즐겨 먹는 마들렌과 같은 과자류처럼 간편하게 우리 떡을 즐기는 외국인들의 모습은 상상만으로도 즐겁다.

속이 든든해지는 담장 옆에 국화꽃에서 몸에 좋은 우리 떡과 팥빙수로 허기진 배를 달래보는 건 어떨까? 여름뿐 아니라 겨울에 팥빙수가 먹고 싶다면 바로 이곳으로 달려가 보자.

밤 대추 팥빙수
1인용 7000원, 2인용 1만 2000원
국산 팥, 쫄깃한 떡, 밤, 말린 대추가 들어간 인기메뉴. 놋그릇에 시원하게 내오는 팥빙수의 모양이 전통적이면서 아름답다. 특히 토핑으로 올린 말린 대추는 식감도 재미있고 대추를 싫어하는 나조차도 반하게 했던 맛.

팥빙수와 우리떡 세트 2인용 1만 8000원
담장 옆에 국화꽃의 인기 메뉴인 밤 대추 팥빙수와 우리떡, 따뜻한 차를 함께 맛볼 수 있는 세트메뉴. 2인용으로 주문하면 허브차나 커피도 2잔씩 함께 나오기 때문에 두 명 모두 든든하게 먹을 수 있다.

Cafe imA

미술관 안 디저트
카페 이마

광화문 부근에서 가격대비 맛있고 깔끔한 분위기의 공간을 찾는다면 가장 먼저 떠오르는 곳은 다름 아닌 카페 이마다. 광화문역 5번 출구로 나오면 회색의 단조로운 건물들로 가득 찬 광화문에서 고전적인 건물의 일민미술관이 보인다. 그 건물 1층에 카페 이마가 있다. 오래된 건물 안에 트렌디한 카페가 자리한 모습이 언밸런스하면서도 조화롭다. 건물 외관만 본다면 그 안에 카페가 있으리라고 상상하기 어렵다. 문을 밀고 들어가면 카페 내부가 전체적으로 군더더기 없이 깔끔하고 모던하다.

이곳의 인기메뉴는 단연 와플이다. 와플은 생크림을 넣은 길거리 와플부터 두툼하게 구워 아이스크림과 과일을 얹어 먹는 카페 와플까지 누구에게나 친숙한 음식이다. 그중 이곳의 와플은 단연 인기 있어서 카페 이마 하면 와플, 와플 하면 이마를 꼽는 사람들도 많다.

우리가 알고 있는 와플은(waffle)은 영어식 발음이고 프랑스어로는 고프르(gaufre)라고 한다. 이는 생긴 모습 그대로 벌집이라는 뜻이다. 와플에는 일반적으로 두 가지 타입이 있다. 우선 이스트를 넣어 만든 반죽을 발효시켜 격자 모양의 팬에 구워낸 것으로 입자가 굵은 하겔 슈가 등을 넣는 리에주 타입이 있다. 다른 하나는 달걀 흰자(머랭)를 넣어 부드럽게 구워내는 브뤼셀 타입이다. 이곳 와플은 브뤼셀 타입으로 발효하지 않고 달걀, 우유, 밀가루로 만들어 부드럽고 바삭하다. 갓 구워진 따

카페 이마
주소 종로구 세종로 139번지 일민미술관 1층
전화 02-2020-2088
영업시간 10:00~22:00
휴일 명절 당일
교통 광화문역 5번 출구 앞

끈한 와플과 시원하고 달콤한 하겐다즈 아이스크림의 조화가 좋다. 부드러운 생크림과 위에 뿌려진 슈가파우더마저 사랑스럽다. 바삭바삭한 와플을 그대로 즐기고 싶다면 주문할 때 와플과 아이스크림을 따로 달라고 하면 된다. 테이블에 놓인 메이플 시럽과 함께하면 이보다 더 좋을 수 없다.

이곳에서 주목할 만한 메뉴로 함박스테이크를 빼놓을 수 없는데, 함박스테이크에 달콤새콤한 소스, 검은 쌀밥 위엔 노른자가 톡 터지는 계란후라이가 만족스럽다. 같이 나오는 피클과 사워크라우트가 느끼할 수 있는 맛을 잡아준다. 매운 젓갈, 소시지, 스팸 그리고 계란후라이를 얹은 뜨거운 쌀밥이 나오는 이마 라이스 메뉴도 런치메뉴로 인기라고 한다. 일본에서 유행하는 카페 앤 고항(ごはん, 식사) 즉 카페에서 차도 마시고 식사도 할 수 있는 컨셉이 여기에서도 이뤄지고 있었다.

또한, 2시까지 런치 스페셜로 음식을 주문하면 음료는 2000원을 할인해준다. 기본적인 커피음료 외에 케이크 같은 디저트도 취급하며, 간단하게 먹을 샌드위치도 준비되어 있다. 이마 샌드위치는 고소한 페이스트리 빵 안에 치즈, 햄, 토마토, 양상추가 조화롭게 들어가 있다.

삭막한 도심 한가운데에서 와플과 커피에 여유를 담아내는 카페 이마. 이 자리 그대로 도심 속의 여유가 계속 유지되길 바란다.

사발커피 4000원
얼굴만 한 큰 컵에 구수한 커피가 나온다. 일명 사발 커피라고 불리는데, 두 손으로 감싸 마셔야 할 만큼 크기가 크다. 둘이서 먹어도 충분한 양의 커피다.

아이스크림 와플 1만 3000원
와플 위에 하겐다즈 아이스크림을 얹어 내는 메뉴. 아이스크림은 초코, 딸기, 녹차, 바닐라 중 2가지를 선택할 수 있다. 아이스크림을 더 얹으려면 3000원을 추가하면 된다.

**함박스테이크
1만 1000원**
검은 쌀밥에 새콤달콤한 함박스테이크 소스와 노른자가 톡 터지는 계란후라이가 만족스럽다.

따뜻한 차와 함께

Pekoe tea room

영국식 티타임을 즐길 수 있는 곳
페코티룸

누구나 예쁜 홍차 잔과 티포트에 아름다운 수색의 홍차를 담아 여유로운 시간을 보내는 것을 좋아한다. 나 역시도 결혼 후 혼자만의 시간이 많아지면서 예쁜 홍차 티캐디와 홍차잔들을 하나둘씩 사 모으기 시작했고 가끔씩 혼자만의 사치스러운 애프터눈 티를 즐기곤 한다. 따뜻하게 우려낸 홍차 한 잔과 달콤한 티푸드인 마들렌 한 조각이면 전날의 피곤함도 다 잊어버릴 정도로 애프터눈 티를 즐기는 시간이 즐겁고 소중하다. 날씨가 더울 때는 홍차를 시원하게 즐기기도 하지만 역시 선선해지는 계절이 되면 따뜻한 스트레이트 티나 따뜻한 우유를 섞은 밀크티 생각도 간절해진다. 사실 티룸에서 하듯 제대로 홍차를 우릴 만큼의 전문가는 아니어서 집에서 간간이 마실 때는 내 마음대로 즐기지만 가끔 티룸에서 보내는 티타임도 무척이나 좋아한다. 특히 여행을 가면 그곳에 있는 티룸이나 유명 호텔에서 애프터눈 티 타임을 갖곤 한다. 집이 아닌 새로운 장소에서 홍차를 즐기는 시간은 오로지 나를 위하는 느낌이 들기 때문이다.

국내에도 많지는 않지만 홍차를 제대로 즐길 수 있는 주옥같은 장소들이 몇 군데 있다. 그중에서도 많은 홍차 마니아들에게 꾸준한 인기를 얻고 있는 삼성역의 페코티룸을 소개한다.

페코티룸은 일본에서 베이커리를 공부한 언니와 영국에서 호텔 경영을 공부하면서

차에 관심을 두게 된 동생, 이렇게 자매가 운영하는 홍차 전문 카페다. 자매가 운영해서인지 페코티룸에 가면 다른 카페와는 다르게 좀더 편안한 느낌이다.

페코(pekoe)는 흰 털이라는 뜻으로 백호(白毫)를 중국어로 읽을 때의 발음이다. 백호는 고급 차의 차나무 줄기 끝에 흰 털이 붙어 있는 어린잎을 말한다고 한다. 그런 좋은 찻잎을 대접하고 싶은 마음에서 카페 이름을 페코티룸으로 지었다고 한다. 요즘 들어 백화점이나 온라인 쇼핑몰 등에서 외국의 홍차를 많이 들여와 판매하고 있지만 몇 년 전까지만 해도 그런 홍차 수입이 흔하지 않아서 아주 귀한 대접을 받곤 했었다. 그 당시 페코티룸은 홍차를 즐기는 마니아들에게 사막의 오아시스와도 같은 장소가 아니었을까.

페코티룸
주소 서울시 강남구 삼성1동 159-6
도심공항터미널 KCAT MALL K7
전화 02-569-7626
영업시간 9:00~23:00(주문 마감 21:00)
토요일 10:00~
일요일과 공휴일 10:00~22:00
휴일 명절 당일
교통 2호선 삼성역 5번, 6번 출구와 연결된
현대백화점 식품 매장에서 도심공항터미널
쪽으로 오면 커피빈과 스타벅스 사이에 위치
홈페이지 www.pekoetearoom.com

이곳에서는 국내에서 구하기 어려운 영국의 고급 홍차를 즐길 수도 있고 조금은 사치스럽게 3단 트레이에 담겨 나오는 푸짐한 티푸드와 함께 영국식 애프터눈 티를 즐길 수도 있다. 또한, 홍차를 선택하면 가장 맛있는 상태로 우려서 티포트에 담겨 나오기 때문에 얼마나 우려야 하는지 당황하지 않아도 되어 편안한 마음으로 차를 마실 수 있다. 물론 모든 메뉴들에 대한 주인장의 친절한 설명도 빠지지 않는다. 페코티룸 매장은 앤티크한 테이블과 의자, 실내장식으로 꾸며져 있고 조금은 어두운 조명으로 천천히 차를 즐기기에 안성맞춤이다. 정신없고 붐비는 삼성역 근방에서 잠시 여유를 부리며 느긋하게 홍차를 즐길 수 있는 소중한 공간 페코티룸에 들러보자.

단, 평일 오후 6시까지는 매장 안에서 흡연이 가능하므로 그 점을 염두에 두고 들르는 것이 좋다. 담배 연기를 피하려면 늦은 저녁시간이나 손님들이 많지 않은 이른 오전에 들르는 것도 좋은 방법이다.

스콘 단품 1500원
홍차 전문 카페라서 그런지 스콘 맛이 꽤 좋다. 대체로 부드러운 식감이었고 카페에서 먹을 때는 따뜻하게 내어주기 때문에 차와 먹기에 아주 좋다. 플레인 스콘과 얼그레이 스콘을 추천.

홍차와 스콘 세트 1만 원
원하는 홍차와 2가지의 스콘을 1인용으로 즐길 수 있는 세트 메뉴. 스콘 세트 외에도 애프터눈 티 세트나 디저트 세트로도 다양하게 선택할 수 있다.

밀크티 빙수 9000원
견과류와 진하게 우려낸 밀크티로 만든 여름 빙수. 별다른 토핑 없이도 시원하게 먹는 밀크티의 맛이 색다르다. 밀크티 빙수 외에 녹차 빙수, 딸기 빙수, 레몬 홍차 빙수, 커피 빙수 등 다양한 빙수를 판매하고 있다.

Meal top

팥빙수의 최고봉
밀탑

아이스크림의 기원에는 두 가지 설이 있다. 첫 번째는 고대 중국인들이 2000년 전부터 눈과 얼음에 과일즙과 꿀을 섞어 먹었다는 것이고 두 번째는 고대 로마시대에 산에서 가져온 얼음에 과일 주스, 꿀 등을 넣어 먹었다는 설이다. 어쨌거나 얼음에 꿀과 과일을 섞어 먹은 데서 유래했다는 빙수. 빙수에 팥을 얹어 발전시킨 곳은 일본으로, 이 레시피가 우리나라로 전해져 팥빙수가 생겨났다.

그렇게 팥과 얼음, 떡만으로 만들었던 70년대의 팥빙수가 오늘날 변화하고 있다. 녹차 빙수, 홍시 빙수, 카카오 빙수, 베리 빙수 등 화려한 모양의 이색적인 빙수들이 쏟아져 나오고 있다. 이 트렌디한 빙수의 홍수 속에서 절대 밀리지 않고 오랫동안 사랑받는 빙수집이 있다. 겨울철에도 번호표를 받고 기다려야 먹을 수 있을 만큼 성황이라는 압구정 현대백화점 '밀탑'이 그곳이다. 1985년 문을 열어 지금까지 꾸준한 인기를 얻고 있는 '밀탑'은 최근 몇 년 사이 현대백화점 목동점과 킨텍스점에도 지점을 더 열었다.

이곳의 스테디셀러는 '밀크 팥빙수'로, 70년대 빙수의 맛을 재현한 고전적인 빙수다. 얼음, 떡이 전부인 심플한 빙수가 선전하는 데는 다 이유가 있다. 기본에 충실한 이 팥빙수는 팥과 얼음, 연유, 우유의 배합이 적절하다. 얼음 입자도 눈꽃송이처럼 곱고 부드러운데, 신기하게도 빨리 녹아내리지 않는다. 우유 50% 이상 되는 얼

음을 넣었기 때문에 녹더라도 맛이 싱겁지 않다.
팥은 주인이 직접 끓인 것으로, 무르거나 터지지 않도록 알맞게 끓여 식감이 풍부하다. 팥의 알갱이는 알알이 형태가 살아 있고 질감이 매끈하다. 톡 터지는 순간 구수하고 깊은 단맛이 우러난다. 알갱이 사이를 흐르는 팥물도 구수한 풍미가 가득하다. 밀탑에서는 100% 국내산 팥을 사용한다고 한다. 구수한 맛과 은은한 단맛이 잘 살아 있고 적당히 씹히는 맛이 좋으며 리필도 가능하다. 단맛을 좋아하지 않는다

밀탑
주소 서울시 강남구 압구정동 429 5F
(현대백화점 5층)
전화 02-547-6800
영업시간 10:30~21:00
휴일 연중무휴
교통 지하철 3호선 압구정역

면 팥을 따로 달라고 주문해서 조금씩 덜어 먹을 수 있다. 우리 가족은 다들 팥빙수를 좋아해서 집에서 홈메이드 팥빙수를 자주 만들어 먹는 편인데 팥을 조릴 때마다 까다롭다고 느껴졌다. 그도 그럴 것이 두 번 정도 팥물을 버려야 하고, 설탕을 넣는 시점과 불을 끄는 시점에 따라 다른 맛으로 삶아지기 때문이다. 매번 한결같은 팥을 조려내는 밀탑의 비법이 궁금하다.

팥빙수 위에 올라간 두 개의 찹쌀떡은 매일 아침 방앗간에서 뽑은 것으로 말랑하고 쫀득쫀득하다. 꿀에 재워 입에 착착 붙는 몰랑몰랑한 떡 맛도 좋다. 떡도 마찬가지로 리필이 가능해 두 알이라도 섭섭하지 않다.

처음에는 별거 없어 보이는 팥빙수로 보일지도 모르지만, 한번 맛을 들이면 긴 대기시간과 시끄러운 환경을 감수하고도 찾아 먹을 만큼 훌륭한 맛을 가졌다. 우유 얼음과 윤기나는 팥, 쫄깃한 떡까지 어느 것 하나 나무랄 것이 없다. 가격에 비해 양은 적은 편이지만 팥과 찹쌀떡이 리필 가능해서 만족스럽다.

진짜 맛있는 빙수란 먹고 나면 또 먹고 싶어져야 하는데 밀탑의 빙수는 매일매일 먹어도 질리지 않을 것 같다. 한 그릇 뚝딱 비우고 나서 역시 최고! 라고 엄지손가락을 치켜주었다.

밀크 팥빙수 7000원
밀크 팥빙수는 직접 조려낸 통팥과 꿀에 재운 하얀 찹쌀떡 두 알이 눈꽃 얼음 위에 얹어 나오는데, 우유와 연유가 더해져 달콤한 맛이다. 기본을 지키는 팥빙수의 최고봉.

단팥죽 7000원
밀탑은 팥이 맛있는 집이다. 날씨가 쌀쌀한 날엔 따뜻하게 단팥죽을 먹어보자. 새알심이 들어 있어 한 그릇만 먹어도 든든하다.

따뜻한 차와 함께

HOHO MYOLL

여행을 떠나요
호호미욜

홍대에는 예쁘고 분위기 좋은 카페들이 참 많다. 그만큼 쉽게 생기고 하루아침에 없어지는 경우도 많다. 그런 홍대에서 꽤 오랫동안 자리 잡고 있는 호호미욜이라는 곳이 있다. 2008년 처음 방문한 뒤 3년 만에 다시 찾았는데 3년 전 그 모습 그대로여서 같이 왔던 친구들과의 추억을 되새겨볼 수 있었다.

홍대에는 다양한 컨셉의 카페가 있다. 호호미욜은 여행, 캠핑 컨셉의 감각적인 카페로, 미욜은 고양이 이름이고 호호는 그냥 어감이 좋아 붙인 이름이라고 한다. 카페 외관은 빈티지 분위기로, 앞에 스쿠터 한 대가 무심히 놓여 있고 그 옆으로 ET 인형이 익살스러운 특유의 표정을 하고 있다. 문을 밀고 들어가니 도로에서 씽씽 달려야 할 폭스바겐 마이크로버스 불리(bulli)가 손님을 반긴다. 불리는 무한도전 스피드 특집에서 출연진들이 타고 나와 화제가 됐던 차인데 이렇게 보니 반갑다.

폭스바겐은 호호미욜의 상징이자 간단한 음료를 만드는 미니 주방인 동시에 카운터의 역할을 하고 있다. 음료를 주문하러 버스 카운터로 다가가면서 안쪽을 자세히 들여다보니 그 작은 버스 안에 아기자기한 주방용품들이 가득 차 있다. 그곳에서 정말 무엇인가가 만들어지고 있었다. 좁고 귀여운 공간에서 만들어지는 메뉴들이 더더욱 기대되었다.

귀여운 인형과 사진, 그림들로 꾸며 놓은 불리 버스는 이 카페의 분위기를 멋스럽

호호미욜
주소 서울시 마포구 상수동 93-44
전화 02-322-6473
영업시간 12:00~익일 00:30
휴일 월요일
교통 상수역 2번 출구에서 극동방송국 쪽으로 도보 5분

게 만들어 주고 있다. 편안한 빈티지 인테리어와 따뜻한 조명이 안락한 분위기를 연출하며 아기자기하고 사랑스러운 소품들이 가득해 보는 즐거움을 더한다. 여행 컨셉으로 꾸려나가는 공간이기에 그에 어울리는 주방, 구석구석 놓인 손때 묻은 소품, 액세서리 등을 구경하고 있으면 시간 가는 줄 모른다. 친구들끼리 모여 수다를 떨어도 좋지만 혼자 방문해도 심심하지 않을 공간이다. 혼자 온 사람들을 배려해 만든 바 형식 테이블이 있기 때문.

카페 한가운데에 놓인 카펫과 이 공간을 더욱 멋스럽게 밝혀주는 난로, 낡은 풍금, 손때 묻은 듯한 느낌이 참 편안하다. 한쪽 벽에는 호호미욜을 방문한 사람들의 소소한 이야기가 쓰인 메모가 있다. 이처럼 호호미욜은 이야기를 나눌 수 있는 곳이다. 사연의 크고 작음, 많고 적음보다는, 함께하는 공감을 지향한다. 앞으로도 이 카페만의 이야기들이 오래오래 계속되면 좋겠다.

여행을 한곳에 담은 감성 공간 호호미욜은 잔잔한 소품들과 함께 사람들을 맞이하는 곳이다. 작은 카페 구석구석에 수많은 추억의 흔적이 새겨져 있어 보는 이의 마음에 여행이란 꿈을 심어준다. 일상에 지쳐 가끔 여행을 통해 활력을 충전하고 싶은데 여의치 않을 때가 있다. 어느 날 문득 어디론가 떠나고 싶다면 호호미욜에서 여행 감성을 충전해보자.

스트로베리크림 Hot 5000원 Ice 6000원
코끝을 간질이는 달콤한 향기가 나는 가향차. 투명한 유리 티팟이 앙증맞다. 따뜻한 것은 5000원, 차갑게 주문하면 6000원이다.

플레인라씨 6000원
새콤하고 시원한 인도의 전통 음료로, 차가운 요구르트 맛이다. 건강을 생각한다면 한번 주문해보자.

mama's kitchen

조용하게 가정식 디저트를 맛볼 수 있는 곳
마마스 키친

부암동에서 천천히 걷다 보면 의도치 않게 조용하고 비밀스러운 장소와 마주칠 때가 있다. 낮게 세워진 벽돌 담장 너머로 통유리창을 크게 낸 건물과 예쁜 화분 가득한 마당이 보이고 마당의 담장 한쪽에 와인병을 잔뜩 쌓아둔 것을 보며 참 예쁜 가정집이라는 생각을 했었다. 그런데 그곳이 일반 가정집이 아닌 베이커리와 파스타 카페였던 것.

부암동 마마스 키친은 부암동이라는 동네와 잘 어울리는 아담한 카페다. 다른 카페들과는 달리 큰 빌딩에 위치한 것이 아니라 작은 가정집을 개조해 지었기 때문에 카페에 들어간다는 느낌보다는 친한 친구 집을 방문하는 느낌이다. 담장 사이로 허리춤까지 오는 낮은 대문을 밀고 들어가서 붉은 계단을 따라 조금만 내려가면 아늑하고 비밀스러운 마마스 키친이 숨어 있다.

이곳은 요리와 빵을 좋아하고 전공한 자매가 운영하는 이탈리안 레스토랑 카페로, 베이커리와 파스타 등 모든 음식을 직접 만들고 있다. 화학첨가물이나 인공조미료를 사용하지 않고 담백하고 깔끔하게 요리한다. 덕분에 정말 집에서 만들어 먹는 느낌이 들 정도로 모든 메뉴가 자극적이지 않고 부담이 없다.

카페 외관은 일반 가정집과 같지만 내부는 카페로 개조했기 때문에 조금은 시원스러운 느낌이다. 통유리창으로 된 창가의 2인용 앤티크 테이블과 의자가 시원스러운

마마스 키친
주소 서울시 종로구 부암동 260-6
전화 02-396-6620
영업시간 11:00~23:00
휴일 월요일
교통 5호선 경복궁역 3번 출구로 나가 100m 직진해서 나오는 버스정류장에서 7022번, 7012번, 1020번 버스를 타고 부암동주민센터(부암동사무소)에서 하차

공간에 아늑함을 부여하고, 천장에 달린 샹들리에나 귀엽고 깜찍한 비행기와 자동차 같은 조명들도 분위기를 조금 더 따뜻하게 만들어준다. 큼직하고 넓은 테이블도 마련되어 있기 때문에 많은 인원이 함께 와서 시간을 보내기에도 별 무리가 없다.

방문했을 때가 조금 이른 시간이어서인지 매장 안쪽에 마련된 주방에서는 그날 판매될 빵과 베이커리들을 만들기에 분주해 보였다. 홈메이드 케이크는 그날그날 모두 판매할 만큼만 만들기 때문에 조각으로 판매되는 케이크가 떨어지면 구입하기 어려울 때도 있고 크게 한 판으로 주문할 경우 미리 예약하는 편이 좋다. 케이크와 빵들은 메뉴판에는 자세히 나와 있지 않아 직접 쇼케이스나 선반 위에 놓인 제품들을 보고 골라 주문하면 되고 친절한 주인장의 추천메뉴를 듣고 주문하는 것도 좋다. 그날그날 구워 판매되는 빵 종류도 맛볼 수 있고 홈메이드 깔조네, 파스타, 피자와 같이 브런치로 어울리는 메뉴들의 맛도 꽤 괜찮아서 찾는 손님들마다 추천메뉴로 꼽는다. 조금은 자극적으로 변해버린 현대인의 입맛을 담백하게 쉬게 해줄 만한 공간 마마스 키친에서 홈메이드 베이커리와 요리로 잠시 쉬어가는 것도 좋을 듯하다.

레몬 치즈케이크 5500원
상큼한 레몬 맛이 은은하게 느껴지는 치즈케이크. 홈메이드 제품이라서 대체로 너무 달지 않아 마음에 들었다. 집에서 직접 만들어 먹을 때처럼 재료에 신경을 쓰고 느끼함과 단맛을 잡아주어 누구나 부담 없이 먹을 수 있다.

가토쇼콜라 5500원
집에서 직접 만든 것으로, 진한 초콜릿의 맛을 느낄 수 있다. 약간은 쫀득거리는 식감 때문인지 그리 달다는 생각이 들지 않고 견과류와 먹는 맛이 좋다.

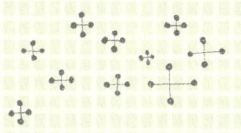

수제 요구르트 6000원
시중에 판매하는 요구르트 제품이 아니라 우유를 사용해 직접 만들었다. 함께 담겨 나오는 견과류와 시리얼, 꿀을 섞어 먹는데 달지 않고 뒷맛이 깔끔하다.

C four cake boutique

달지 않은 케이크와 일본식 스위트가 가득
씨 포 케이크 부티크

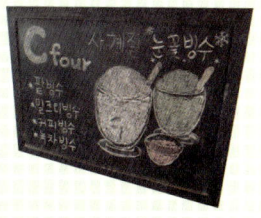

C four cake boutique는 오래전 디저트 카페라는 말조차 생소하던 때 압구정 '카페 라리'에서 시작된 곳이다. 상당히 높은 퀄리티의 케이크들을 판매하는 디저트 카페다. 일본인 창업자의 손길이 고스란히 느껴지는 정갈하고 풍성한 일본식 디저트들은 몇 년이 지난 지금까지도 많은 사랑을 받고 있다. 케이크를 만들어내는 이태원 직영점을 비롯해 케이크를 공급받아 판매하는 동부이촌동과 신사동 총 3곳의 매장이 있다.

C four의 케이크들은 많이 달지 않기로 유명하다. 이곳의 대표메뉴라고 할 수 있는 '밀크 크렙'은 오래전 카페 라리 때부터 많은 사랑을 받아온 케이크다. 반죽을 최대한 얇게 구워 여러 겹으로 쌓아 올렸는데, 얇은 크레페 반죽 사이로 진하고 고소한 생크림을 발라주기 때문에 입에 넣었을 때 굉장히 부드럽게 느껴진다. 달지 않고 담백하므로 다른 달콤한 케이크들과는 달리 먹었을 때 부담이 적다. 나 역시도 크레페 사이사이에 크림을 발라 쌓아올린 케이크를 만들어본 적이 있는데, 여러 겹으로 크림을 발라 쌓아 올린다는 게 여간 번거로운 작업이 아니다. 집에서 크레페를 구우면 왜 그리 얇지 않고 두툼하게 구워지던지…. 그런 수고로움을 알기 때문에 더 맛있게 느껴지는지도 모르겠다.

크레페 케이크 외에도 여러 가지 과일을 풍성하게 올려 만드는 다양한 과일 타르트

씨 포 케이크 부티크
주소 서울시 강남구 신사동 529-4
전화 02-549-9946
영업시간 10:00~23:00
휴일 연중무휴
교통 압구정역 6번 출구로 나와 도보 5~7분
　　　정도 직진. 신사중학교 건너편에 위치

도 인기메뉴. 제철과일이 나올 때면 자몽이나 블루베리, 딸기 등이 가득 올려진 여러 가지 과일 타르트를 맛볼 수 있다. 버터가 들어가지 않는 비단결 같은 시폰 케이크도 맛있고, 일본식 디저트가 풍부한 만큼 메뉴 중에 말차 푸딩이나 호우지차 푸딩 같은 조금은 독특한 푸딩도 있다. 또한 이곳은 케이크와 차 외에도 사계절 내내 맛볼 수 있는 눈꽃빙수가 유명하다. 특히 추천하는 메뉴는 밀크티 빙수! 알프스 산봉우리의 눈처럼 차가운 얼음이 한가득 쌓여 나오는 눈꽃빙수는 얼음이 부드럽게 갈려 있어 입에 넣는 순간 사르르 녹아내린다. 부드러운 식감 때문에 여름뿐만 아니라 사계절 내내 즐기기에 좋다.

C four에서 케이크나 차, 빙수를 즐기면서 느낀 것이지만 늘 먹을 때마다 크게 실패했던 적이 없었다. 간혹 케이크와 디저트를 먹으러 다니다 보면 같은 매장에서 나오는 디저트라고 하더라도 맛이나 퀄리티의 편차가 큰 경우가 종종 있다. 하지만 이곳 C four의 디저트들은 늘 안정적인 수준을 유지하고 있으므로 어떤 메뉴를 맛보더라도 크게 실망하지 않는다는 점에서 높은 점수를 주고 싶다.

그래서 꾸준한 단골이 많기도 하다. 나 역시 압구정 카페 라리 때부터 종종 다녔으니 꽤 오랜 기간 동안 이곳 디저트들을 사랑해온 셈이다.

화려하지 않지만 아늑한 분위기에서 맛있는 케이크와 따끈한 차를 느긋하게 즐기기에 안성맞춤이다. 자극적이지 않은 담백한 밀크 크렙 케이크를 맛보러 C four cake boutique에 들러보자.

밀크 크렙 5000원
얇게 구운 크레페 사이사이에 고소한 생크림을 바르며 높이 쌓아서 만들었다. 크레페 반죽 사이로 크림이 켜켜이 들어가 있어서 식감이 부드럽고 사르르 녹는 느낌이다. 달지 않고 담백한 맛이 일품인 C four의 대표메뉴.

호박 타르트 5500원
타르트 반죽 위로 단호박으로 만든 달콤한 호박 무스를 듬뿍 올린 호박 타르트. 호박의 맛이 진하게 느껴지고 토핑으로 올려진 호박과 고구마를 먹는 재미도 쏠쏠하다.

부드러운 우유와 향기로운 홍차의 만남.
오후의 여유를 찾아주는 홍차 밀크티를 즐겨보세요.

페코티룸의 **로열 밀크티** 만들기

재료
홍찻잎 7g, 뜨거운 물 약간, 우유 200ml, 메이플시럽 1~2ts

만들기
1 홍찻잎을 작은 볼에 담아 찻잎이 잠길 정도로 뜨거운 물을 부어 홍차를 불립니다.
2 냄비에 우유를 붓고 가장자리가 끓을 때까지만 데워줍니다.
3 불린 홍찻잎을 2에 넣고 뚜껑을 덮은 뒤 5~6분 우려냅니다.
4 티 스트레이너(거름망)로 걸러 차를 따라 마십니다. 취향에 따라 설탕이나 메이플시럽을 넣어 즐겨도 좋습니다.

Tip
로열 밀크티는 일반적인 밀크티에 비해 우유가 많이 들어가는 차를 말해요. 우유를 물과 1:1의 비율, 혹은 그 이상으로 넣어 부드럽고 진한 맛이 납니다.

Recipe

취향에 맞는 바닐라
아이스크림과 홍찻잎과 뜨거운
물만 있으면 홍차 아포가토가 완성됩니다.
페코티룸의 티 아포가토를 집에서도 쉽게 즐겨보세요.

페코티룸의 **티 아포가토** 만들기

재료
홍찻잎 5~6g, 끓인 물 80~90g 정도, 바닐라 아이스크림 1스쿱

만들기
1 냄비에 홍찻잎과 물을 넣고 끓인 뒤 불을 끄고 5분 정도 진하게 차를 우려주세요.
2 진하게 우린 차를 30ml 정도 망에 걸러내 컵에 담고 바닐라 아이스크림을 따로 냅니다.
3 먹기 직전 홍차를 부어 주면 우아한 풍미의 티 아포가토 완성.

Tip
아이스크림을 담은 컵째로 살짝 얼려 내면 아이스크림이 금방 녹지 않고 오랫동안 즐길 수 있어요.
또는 홍차를 한번에 다 붓지 말고 나눠서 부어 먹는 것도 천천히 즐기는 방법입니다.

Part 5
사랑스러운 소품과 함께

아기자기한 자매의 센스를 엿볼 수 있는 | 호시노 앤 쿠키스 | 스웨디시 커피 브레이크 | 피카 | 빈티지한 소품이 가득한 곳 | 5층 아파트 | 일본보다 더 많은 일본 소품이 있는 곳 | 소품샵 카렐 | 빈티지한 북유럽 식기들과 소소한 일상을 나눌 수 있는 곳 | 데미타스 | 추억 속 공책이 있는 곳 | 스프링 컴 레인 폴 | 향수를 불러 일으키는 디자인 문구류와 소품 숍 | 밀리미터밀리그람 | 홈베이킹에 필요한 도구와 재료를 구입할 수 있는 곳 | 방산시장 베이커리 골목 |

HOSINO & COOKISS

아기자기한 자매의 센스를 엿볼 수 있는
호시노 앤 쿠키스

국내에서 베이킹에 관련된 일본 수입 소품이 귀하던 시절, 나의 쇼핑 욕구를 만족시켜주던 아기자기한 쇼핑몰이 한 곳 있었다. 다른 온라인 수입 잡화점과는 다르게 주인장 본인들의 캐릭터를 직접 디자인하고 로고도 함께 만들어 사용하고 있었고, 물건을 주문하였을 때 배달되어 온 택배 상자 속 제품 포장법 역시 남달랐다. 보통은 물건을 주문하면 비닐봉지에 담아 보내거나 아니면 에어캡 같은 비닐 충전재에 포장되어 오는 것이 일반적인데 호시노 앤 쿠키스에서는 물건 하나하나 정성껏 포장하고 예쁜 빨간끈 리본까지 묶어서 받는 사람을 감동시키곤 했었다. 모든 것이 주인장들의 꼼꼼함에서 비롯된 정성이라고나 할까.

호시노(HOSINO)는 일본어로 갖고 싶은 것을 의미하는 '호시이(ほしい)'라는 말과 별이라는 뜻의 '호시(ほし)'라는 말에서도 따온 것으로, 별을 좋아하고 갖고 싶은 것이 너무 많아 호시노라는 이름을 짓게 되었다고 한다. 쿠키스(COOKISS)는 COOKIES와 KISS를 합성한 말로, 키스처럼 달콤하고 행복하며 사랑받는 느낌이 가득한 쿠키를 의미한다고 한다. 특히 이곳은 언니와 동생, 사이좋은 자매가 운영하는 곳으로서 호시노는 동생을, 쿠키스는 언니를 호칭하는 말이기도 하다. 재미난 의미를 내포하는 이름처럼 그리고 주인장들이 직접 디자인하여 만든 본인들의 캐릭터처럼 귀엽고 깜찍한 사이트로 그들만의 세계를 잘 꾸려나가고 있다.

처음에는 온라인 사이트로 시작해서 작고 아담한 오프라인 매장도 열게 되었다. 온라인으로만 숍을 접하다가 처음 오프라인 매장에 들렀을 때에는 '역시나' 하는 감탄을 금치 못했다. 하나하나 자신들이 원하는 디자인 컨셉으로 숍을 준비했다고 하는데 매장 내 인테리어나 외관의 초록색 현관 입구 등등 어느 하나 평범하지 않고 감각적인 센스가 듬뿍 묻어났다. 물론 매장 안은 주인장들의 센스로 직접 선별해서 구입해오는 특별한 물건들로 가득했고, 외국 여행을 가야 만나볼 수 있는 다양한 수입 잡화들을 이곳에서 쉽게 접할 수 있었다.

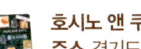

호시노 앤 쿠키스
주소 경기도 용인시 기흥구 보정동 1200-4
전화 031-266-8895
영업시간 11:00~20:00, 주말 13:00~20:00
휴일 매주 화요일, 매월 첫째·셋째 일요일 휴무
교통 죽전역에서 죽전 카페거리 건너 프로방스 아파트 앞
홈페이지 www.hosino.co.kr

온라인 숍으로 보는 것보다 오프라인으로 만나는 호시노 앤 쿠키스는 훨씬 정감 있고 특별한 느낌이다. 본인들만의 공간을 직접 개성 있게 꾸미고, 좋아하는 소품들로 그 공간을 가득 채우고, 좋아하는 일을 기분 좋게 하면서 매장을 운영하고 있는 호시노 앤 쿠키스. 여성들이라면 누구나 꿈꾸는 일을 씩씩하게 해나가는 두 자매 주인장들의 모습이 부럽기만 하다.

매장이 서울이 아닌 죽전에 위치해 있긴 하지만 근교이기 때문에 자동차로 찾아오기에도 그리 멀지 않다. 근방에 사는 사람들 외에도 호시노 앤 쿠키스 매장을 직접 찾기 위해 먼 곳에서 오는 손님들이 많다고 한다. 주인장들의 따뜻한 손길이 느껴지는 오프라인 매장에서 예쁜 소품들을 구경하며 천천히 시간을 보내보자.

스튜디오엠 고슈엔기 8300원(S) 1만 2500원(L)
일본의 유명 도기 브랜드 스튜디오엠의 제품으로, 사이즈가 작아서 양념장 종지로 사용하기에 좋다. 5가지 모양과 색상으로 되어 있어서 식탁이 저절로 화사해진다.

스튜디오엠 그리즈 플레이트 2만 4000원(S)
밝은 그레이 색상으로 중후한 멋을 지녔다. 표면에 유약이 자연스레 흘러내리는 느낌이 좋고 토기 재질이라서 어떤 음식을 담아도 멋스럽다. 오븐이나 전자레인지 사용이 가능하다.

무민 키친와이프 1만 원
친환경 아이템으로 주방에서 사용할 수 있는 스펀지 타입의 행주. 키친타올과 같이 가볍고 흡수성이 좋으며 건조가 빨라서 실용적이다.

키친클로스 세트 9500원
3가지 색상과 무늬로 세트 구성된 키친클로스. 주방에서 행주나 그릇 받침, 덮개 등으로 사용해도 좋다.

호시노 앤 쿠키스 호시노 오너 인터뷰

"누구나 감탄할 만큼 다채롭고 새로운 세계를 보여드리고 싶어요"

뛰어난 감각으로 센스 있게 매장을 꾸려나가는 호시노 앤 쿠키스의 두 자매.
어느 것 하나 평범하지 않고 꿈이 가득 담긴 이곳에서 많은 사람들이 즐거워할 수 있도록 노력하는 호시노 오너를 만나보았다.

매장을 운영하게 된 계기가 무엇인가요?
↪ 오프라인 매장은 호시노 앤 쿠키스를 온라인에서 처음 시작하면서부터 목표했던 일이었어요. 미술공부를 시작할 때부터 나만의 작은 숍이 있었으면 좋겠다고 바라던 꿈이 이루어진 거죠. 그 꿈을 이루게 되어 정말 기뻐요.

이 일을 하면서 가장 크게 보람을 느낄 때가 언제인가요?
↪ 저희 제품을 받고 정말 마음에 들어 해주실 때입니다. 주문하신 분들께 작은 마음을 담아 물건을 보내지만 온라인 쇼핑으로는 그 마음이 잘 전달되기 어렵잖아요. 저희의 작은 마음을 알아주시고 그 이상으로 따뜻한 마음을 전해주실 때면 가슴이 뭉클해지고 힘도 불끈 솟아납니다. 그리고 매장에 들어올 때부터 표정이 확 변하는 분들이 있어요. '우와, 이런 세계가 있었구나!' 하며 반짝이는 눈빛으로 즐거워하는 손님들을 보면 뿌듯하고 즐겁습니다.

추천하고 싶은 소품이 있다면?
↪ 멋진 소품들이 너무 많은데 그중에서 꼭 하나를 꼽자면 프랑스 빈티지 열쇠고리를 추천해드리고 싶어요. 빈티지 제품은 좋아하는 사람도 있고 그렇지 않은 사람도 있지

만, 세상에서 단 하나뿐인 1950~1960년대의 빈티지 제품이라면 소장가치가 있고 나만의 개성을 담을 수 있어 멋진 아이템입니다. 열쇠고리에 달린 귀엽고 독특한 팬턴트들은 열쇠고리 뿐만 아니라 액세서리로 변형하면 정말 예쁩니다. 제가 그 팬던트로 목걸이를 만들었는데 많은 분들이 예뻐해 주셨어요. "저 열쇠고리로 만들었어요" 하고 알려드리면 다들 놀랍니다.

향후 매장 운영 계획이 궁금합니다.
↪ 2011년 11월이면 매장을 오픈한 지 1년이 됩니다. 며칠 전 오픈했을 당시의 사진을 봤는데, 그렇게 열심히 준비했는데도 어딘가 허전하더라고요. 그때에 비하면 지금은 제품군도 다양하고 전체적으로 아기자기하게 매장이 가득 찼네요. 꼼지락 꼼지락 손으로 뭐든지 만드는 것을 좋아해서 앞으로 더 다양한 제품뿐만 아니라 제 손에서 만들어진 예쁜 숍으로 꾸며나가고 싶어요. "우와~!" 하고 누구나 감탄할 만큼 새로운 세계를 보여드리고 싶기도 하고요. 그리고 아직은 조금 먼 계획이지만, 언젠가 호시노 앤 쿠키스의 베이커리를 맛볼 수 있는 카페도 열고 싶습니다.

FIKA

스웨디시 커피 브레이크
피카

몇 년 전 핀란드를 배경으로 펼쳐지는 카모메 식당이라는 일본 영화를 보고 나서 북유럽 인테리어나 식기류에 관심이 가기 시작했다. 자주 여행을 가던 일본에서도 이미 주부들 사이에 북유럽 인테리어나 식기류들이 큰 유행을 타고 있어서 일본 요리책이나 베이킹 서적, 쇼핑몰 등에서 쉽게 북유럽의 제품들을 접할 수 있었기 때문에 자연스레 관심이 가게 되었다. 심플하고 투박하지만 그 속에서 실용성을 찾아볼 수 있는 북유럽 식기나 가구들은 나의 마음을 흔들어놓았다.

그러던 와중에 반가운 카페 하나를 발견하게 되었다. 바로, 북유럽풍 커피 카페인 피카. 이곳은 스웨덴의 80년 전통의 문구 브랜드인 북바인더스 디자인(Bookbinders Design)과 함께하는 카페로, 매장 분위기나 디저트, 드링크 종류, 작은 소품들에서도 북유럽을 느낄 수 있는 곳이다.

피카(FIKA)라는 말은 스웨덴어로 '소중한 사람들과 함께하는 커피타임'이라는 뜻이라고 한다. 스웨디시를 모토로 하는 피카에서는 커피 원두 역시 스웨덴에서 모두 직수입하여 사용하고 있다고 한다. 드링크 종류 외에 함께 맛볼 수 있는 베이커리 종류도 꽤 갖추고 있는데 베이커리 제품들 역시 스웨덴 전통 레시피로 매일같이 신선하게 만들고 있다고 한다.

서울 시내에 있는 몇 곳의 피카 매장 중에서 내가 종종 들리는 곳은 신사동 가로수

길에서 가까운 압구정 본점. 블랙톤의 깔끔한 인테리어가 돋보이는 매장으로, 편안하고 여유롭게 커피 타임을 즐길 만한 곳이다. 무엇보다도 다른 프랜차이즈 카페에 비해 커피와 베이커리 종류가 꽤 퀄리티가 높아서 저절로 발길이 간다.

사실 처음 피카에 별생각 없이 들렀을 때에 케이크 쇼케이스를 보고 조금 놀랐었다. 말로만 북유럽풍을 내세운 것이 아니라 그에 걸맞게 상당한 퀄리티를 갖춘 여러 종류의 케이크들이 쇼케이스를 채우고 있었기 때문이다. 일반적으로 봐오던 모

 피카 압구정 본점
주소 서울시 강남구 신사동 549 용진빌딩
전화 02-511-7355
영업시간 10:00~23:00, 일요일 11:00~22:00
휴일 연중무휴
교통 지하철 3호선 압구정역 3번 출구에서 도보 5분 거리
홈페이지 www.fika.kr

양의 베이커리가 아닌 독특하고 투박한 모습을 하고 있으면서 맛 또한 좋다.
'셈라'라고 하는 슈를 닮은 스웨덴식 빵도 독특했고 재료는 심플했지만 그 재료에 아주 충실한 모차렐라 키쉬, 바나나와 초콜릿이 넘쳐날 정도로 투박하게 올려진 초코 바나나 퍼지케이크 역시 식욕을 자극하기 충분했다. 매장 내에는 북바인더스 디자인에서 수입하는 북유럽풍 문구류와 식기류들도 판매하고 있기 때문에 식욕 외에 구매욕을 크게 불러일으키는 곳이다.

입으로 그리고 눈으로 북유럽의 감성과 맛을 느껴볼 수 있는 곳 피카. 압구정 본점인 피카 매장 가까운 곳에 북바인더스 디자인 본매장도 있다고 하니 여유롭게 쇼핑을 즐기려면 그쪽으로도 발길을 옮겨보자.

애플 파마산 치즈케이크 7000원
윗면에 구운 사과를 아낌없이 가득 올린다. 케이크 겉면의 초코크런치가 바삭한 식감을 살려주면서 부드러운 치즈케이크와 잘 어울린다. 피카에서 잘 나가는 메뉴 중 하나다.

링곤베리 스칸디 에이드 6500원
스웨덴 사람들이 가장 즐겨 먹는다는 과일인 링곤베리로 만드는 에이드. 링곤베리는 베리류의 한 종류로 비타민C가 아주 풍부한 과일이다. 많이 달지 않고 상큼함과 시원함이 더해져 갈증해소에도 좋다.

스웨디시 초코 퍼지케이크 6000원
진하고 쫀득하면서 겉은 바삭한 초콜릿 퍼지케이크 위에 달지 않은 크림이 듬뿍 올려져 있다. 피카의 스웨덴 원두로 만드는 아메리카노와 잘 어울린다.

블루베리 셈라 4500원
셈라는 스웨덴에서 가장 즐겨 먹는 빵으로, 그냥 먹기도 하지만 따뜻한 우유에 담가 부드럽게 떠먹기도 한다. 추운 겨울에 따뜻한 우유와 함께하기 좋다.

5th floor apartment

빈티지한 소품이 가득한 곳
5층 아파트

요즘 들어 빈티지 제품들이 유독 눈에 들어와서 여기저기 많이 찾아다니곤 했다. 그중 나의 눈에 들어오는 사이트가 한 곳 있었으니 바로 '5층 아파트'다. 1층도 아닌 왜 5층일까 하는 의문을 갖게 하는 이 빈티지 잡화 사이트는 거의 모든 제품을 일본이나 북유럽에서 수입해 판매하고 있다. 사진을 전공했다는 이곳 주인장의 사진 솜씨도 제품을 돋보이게 하는 데 한몫한다.

수입 소품 잡화점을 하는 온라인 사이트의 경우 오프라인 매장까지 갖춘 경우가 드문데 5층 아파트에서는 가로수길에 오프라인 매장도 함께 운영하고 있다. 직접 매장으로 찾아가면 온라인에서 볼 수 없었던 제품들도 있어 가끔 뜻밖의 보석을 만날 수 있다. 그 외에도 구하기 어려운 베어브릭이나 독특한 큐브릭 제품들도 눈에 띈다. 심지어 일본에서조차 구하기 어렵다는, 일본 영화 〈호노카아보이〉에 나왔던 곰돌이 빙수기도 운이 좋으면 구할 수 있다. 안타깝게도 내가 들렀을 때는 이미 판매가 된 상태여서 아쉬움을 뒤로 하고 돌아오기는 했지만…. 주인이 이런 쪽으로 관심이 없었다면 이렇게 귀한 빈티지 제품을 만나기 어려웠을 것이다.

이렇게 아기자기한 온라인 사이트를 운영하는 주인장은 뜻밖에도 남자분이었다. 본인이 좋아해서 운영하게 되었다는 말을 듣고 어느 정도 공감되었다. 나 역시 내가 좋아하는 소품이나 잡화를 판매하는 그런 매장을 꿈꾸기도 했었으니 말이다.

 5층 아파트
주소 서울시 강남구 신사동 516-5번지 1층
전화 02-515-9557
영업시간 12:30~21:00
휴일 일요일, 공휴일
교통 3호선 신사역 8번 출구 도보 5분 정도.
가로수길 대로변 카페 네스카페와 코코브루니
사잇길로 쭉 직진하다 보면 나온다.
홈페이지 www.5apt.net

매장 안의 인테리어도 무척이나 유니크하다. 주인장이 앉아 있는 카운터 역시 오래된 작은 전당포의 느낌으로 독특하고 귀엽기까지 하다. 그리 크지 않은 매장이었지만 귀한 빈티지 제품에서부터 북유럽 식기나 포스터 제품들, 일본 수입 잡화 등 뭘 골라야 할지 오랫동안 고민을 하게 하는 제품들로 넘쳐나고 있었다. 주인장의 친절함으로 구매 욕구가 한층 높아지는 5층 아파트에서 소소한 추억을 만들어 보자.

**브라이스 큐브릭
(종류에 따라서)
2만 5000~2만 7000원**
브라이스 인형을 조금씩 모으는 나로서는 이런 브라이스 큐브릭 제품들이 정말 반가웠다. 갖고 있는 브라이스 시리즈와 매치되는 녀석으로 골라왔다.

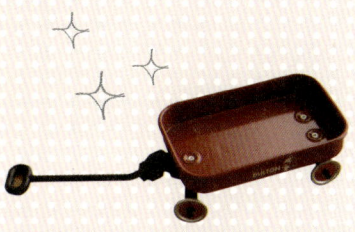

멀튼 미니 툴 카트 1만 2000원
실제 카트와 같은 모양으로 움직이기도 한다. 명함이나 작은 소품을 올려두는 용도로 써도 좋고 주방이나 거실 선반 위 장식으로 사용해도 좋다.

**미도리 마그넷
1만 1000원**
작은 미니 자석으로 냉장고나 철제 가구에 붙여놓으면 아주 귀엽다.

**타이머
(디자인에 따라)
1만 3000~
1만 5000원**
타이머는 종류에 따라 가격대가 조금씩 다르다. 저울 모양의 타이머는 주방에 아주 잘 어울리는 아이템. 베이킹을 즐기는 사람에게 타이머는 꼭 있어야 할 소품 중 하나다.

휴지통 1만~1만 3000원(크기에 따라)
어릴 적 많이 사용했던 모양으로 추억을 불러일으키는 휴지통이다. 온라인 사이트에서는 못 보던 제품으로 오프라인 매장에서 구입했다.

Karel

일본보다 더 많은 일본 소품이 있는 곳
소품샵 카렐

가로수길에서 몇 년 동안이나 단골손님들의 발길을 잡고 있는 소품샵 카렐이 최근 새로운 곳으로 이전했다. 분위기가 크게 달라지지는 않았지만 원래 매장이 있던 곳과 가까운 위치에 조금 더 여유로운 공간으로 다시 태어났다.

카렐 소품샵은 신사동 가로수길에 알음알음 생겨나는 카페들 사이로 몇 년 전부터 일찌감치 자리를 잡고 손님들을 맞고 있었다. 특히 여성들의 경우 가로수길에 가면 카페와 쇼핑 위주로 돌아다니기 때문에 아는 사람들 사이에서 이곳은 필수 코스나 다름없다. 온라인 쇼핑몰을 운영하지 않고 오로지 오프라인에서 수많은 종류의 수입 소품 아이템으로 승부하는 알찬 매장이라고 할 수 있겠다.

1층 규모의 매장이었을 때도 매장 앞에서부터 쇼윈도우 안으로 보이는 엄청난 잡화, 인테리어 소품, 인형으로 두 눈이 휘둥그레질 정도였는데, 매장에 들어서면 주인이나 직원이 '걸어 다닐 때 발밑을 조심해주세요'라고 양해를 구할 정도로 바닥에서부터 벽면, 천장까지 아기자기한 소품들이 매장을 꽉 채우고 있었다.

사실 일본 여행을 자주 다니는데다 소품샵 위주로 돌아다닐 때가 많은 나도 일본에서조차 이렇게 많은 종류의 잡화를 갖춘 매장을 본 적이 없을 만큼 카렐에는 수많은 아이템이 갖춰져 있다. 일본을 가지 않아도 한곳에서 다양한 일본의 캐릭터 제품이나 많은 소품들을 한 번에 만나볼 수 있으니 시간적으로나 비용 면으로나 훨씬 더

경제적인 셈이다.

소품의 종류 또한 셀 수 없을 정도로 많다. 시계에서부터 도시락, 주방용품, 목욕용품, 아이들 장난감, 빈티지 인형, 베이킹 도구, 패브릭 제품들, 가방, 빨간머리 앤 제품이나 일본 카렐 제품, 신지카도 제품 등등…. 일본의 웬만한 캐릭터 제품을 비

소품샵 카렐

주소 서울 강남구 신사동 533-15 2층
전화 02-3446-5093
영업시간 11:00~19:00, 토요일 13:00~19:00
휴일 일요일, 공휴일
교통 3호선 신사역 8번 출구 가로수길 끝자락,
　　　스타벅스 골목으로 조금 더 직진하면 나온다.
블로그 blog.naver.com/cafemarikosh

롯해 없는 것이 없을 정도로 다양한 제품을 갖춘 보물창고와도 같다. 그저 윈도우 쇼핑을 하러 들어간다고 하더라도 예쁘고 깜찍한 소품들을 보고 있으면 빈손으로 절대 나올 수 없을 것 같은 마력을 지닌 곳이다. 매장에 있는 모든 제품들을 다 쓸어 담아 오고 싶을 정도.

가끔 주인장이 일본에서 직접 새로운 물건을 들여오는 날에는 매장 안이 더욱 복잡해지는데, 그럴 때 방문하는 것도 희귀한 제품을 만나는 좋은 방법이다. 찾던 물건인데 바로 빠져버려서 아쉽게 구입하지 못하는 경우가 종종 있기 때문이다. 그만큼 언제 신제품이 들어오는지 알고 있는 단골손님들도 많다는 이야기.

가로수길에서 나에게는 필수 코스가 되어버린 카렐 소품샵. 지름신을 물리칠 용기가 없다면 두둑한 지갑은 필수다.

법랑 스푼과 포크 7000~1만 원(크기별)
일본에는 크기별, 종류별 커트러리가 매우 다양하다. 특히 법랑 재질로 된 스푼과 포크는 스타일링할 때 예뻐서 사진 촬영 시 종종 사용하는 아이템이다.

큼직한 유리병 3만 5000~5만 원(크기별)
일본에서 어떤 작은 티 카페를 갔을 때 큼직한 유리병 안으로 여러 개의 스콘이 잔뜩 들어 있는 모양이 어찌나 먹음직스러워 보이던지. 보통은 쌀이나 콩을 넣어 보관하는 병으로 사용하는데, 베이킹을 자주 하는 나로서는 역시 스콘 보관병으로 주로 사용한다. 튼튼하고 밀폐력이 좋아 실용적이다.

신지카토 접시 1만 5000원
카렐에는 신지카토 제품을 많이 갖추고 있다. 컵과 원형 접시, 사진 속 긴 형태의 접시 등으로 구성된 신지카토의 이 시리즈는 사용하기 편리하고 투박하면서도 자연스러운 멋이 있다.

demitasse

빈티지한 북유럽 식기들과 소소한 일상을 나눌 수 있는 곳
데미타스

몇 년 전 조용한 부암동 골목에 문을 연 데미타스는 식기들과 주인장의 작업실이 어우러진 작고 따뜻한 공간이다. 가게 이름인 데미타스(demitasse)는 프랑스에서 온 말로, 에스프레소 잔을 뜻한다고 한다.

가게 이름에서도 느낄 수 있듯이 이곳은 그릇들로 작은 다락방 공간을 가득 메운, 그릇 갤러리와도 같은 곳이다. 좁고 가파른 계단을 아슬아슬하게 올라가면 작은 비밀 다락방에 보물을 숨겨둔 양 문을 열자마자 아름다운 북유럽 그릇들이 눈앞에 펼쳐진다. 인테리어는 꾸민 듯 안 꾸민 듯 자연스러운 느낌으로, 우아한 식기들을 더욱 돋보이게 하는 은은한 조명과 적당한 채광으로 따뜻하고 아늑한 느낌이다.

오래된 느낌의 테이블과 의자, 가정집에 온 느낌을 주는 테이블 옆의 작은 싱크대. 그 위로 귀한 몸값을 자랑하는 귀하디귀한 빈티지 북유럽 그릇들이 반짝반짝 빛을 내고 있다. 그리고 2층 창밖으로는 부암동의 조용하고 편안한 광경이 펼쳐진다.

데미타스에 전시된 수많은 빈티지 북유럽 그릇들은 이곳 주인장이 직접 해외여행을 다니며 발품을 팔아 구입해서 모은 보석 같은 콜렉션이다. 그릇을 놓아둠으로써 자연스럽게 인테리어 효과를 얻기도 하지만 때로는 손님들께 판매하는 하나의 상품이 되기도 한다.

나 역시 북유럽 그릇들에 많은 관심이 있어서인지 데미타스의 그릇들 하나하나가

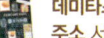

데미타스
주소 서울시 종로구 부암동 254-5
전화 02-391-6360
영업시간 11:00~22:00
휴일 목요일
교통 5호선 경복궁역 3번 출구로 나가 쭉 직진하면 나오는 버스정류장에서 7022번, 7018번, 1020번 버스를 타고 부암동 주민센터(부암동사무소)에서 하차
홈페이지 www.demitasse.kr

예사롭지 않아 보인다. 그런 오래된 빈티지 그릇들을 보고 있노라면 몇십 년 전에 어떻게 이런 디자인으로 그릇을 만들 수가 있었는지? 하는 의문과 탄성이 절로 나온다. 튼튼하면서도 너무나 실용적이고, 반복되는 무늬를 지루하지 않게 디자인해 요리를 담으면 그릇보다 요리가 돋보이게 한다. 북유럽 그릇들을 사용하다 보면 그 실용성과 디자인에 금방 반해버리고 만다. 아마도 나처럼 그릇에 반해 이곳 데미타스를 찾는 사람도 많으리라.

데미타스는 기본적으로 북유럽 식기들을 판매하는 곳이지만, 간단한 카페 메뉴도 주문해 맛볼 수 있다. 비록 매장 내부가 좁아 테이블이 많지는 않지만 홈메이드 메뉴도 있어서 뜻밖의 간단한 가정식 밥상이나 음료를 맛볼 수 있다. 전문적인 메뉴들은 아니지만 달그락거리며 하나하나 음식을 만들고 준비하는 모습에서 따뜻함이 묻어난다. 그릇을 한참이나 구경하고 나서 주문했던 메뉴들을 먹는 동안 가끔 주인장께서 편안하게 일상의 말을 건네기도 한다. 데미타스 안의 모든 그릇들이 너무나도 귀한 빈티지 북유럽 식기들이었던지라 한참이나 긴장하고 있던 마음이 한순간에 녹아들었다.

주인장이 발품을 들여 작은 공간을 가득 채운 빈티지 북유럽 식기들에서 정성과 수고를 느낄 수 있었다. 테이블은 많지 않지만 이런저런 구경을 하며 오래 앉아 있어도 눈치 주는 사람 하나 없는 아주 편안한 곳이다.

빈티지 북유럽 식기 5만~20만 원
해외 여러 나라를 돌며 직접 사 모았다는 북유럽 빈티지 식기들. 국내에서는 구하기 어려운 제품이 대부분이다. 몇십 년 전 단종된 모델들이 주를 이루며, 가격대는 조금 높지만 북유럽 식기들의 가치는 시간이 지날수록 빛나기 때문에 소장가치가 충분하다.

가래떡 구이 4000원
방앗간에서 직접 뽑은 가래떡으로 바삭바삭하게 구워주는데 달콤한 유자청에 찍어 먹는 맛이 나름의 운치가 있다.

SPRING COME RAIN FALL

추억 속 공책이 있는 곳
스프링 컴 레인 폴

어릴 적 책가방 속에서 꺼내던 노트를 그 시절 우리는 공책이라고 불렀다. 새 학기가 되면 새 공책을 사는 재미에 늘 목이 빠져라 봄을 기다리기도 했었다. 공책에는 선생님이 불러주는 대로 받아쓰기를 하기도 하고 구구단을 외우며 숫자 하나하나를 써내려가기도 했다. 그때의 시간과 기억은 아득할 정도로 멀어졌지만 공책이라는 단어가 가진 느낌은 아직도 그 시절만큼이나 또렷하다. 그런 추억과 향수를 느낄 수 있는 곳이 서교동에 위치한 스프링 컴 레인 폴(SPRING COME RAIN FALL)이다. 이곳은 o-check design graphics에서 운영하는 카페 겸 스토어다. 공책(o-check)은 벌써 10년이나 넘은 꽤 탄탄한 디자인 문구 회사로, 말 그대로 공책을 만들어내는 곳. 스프링 컴 레인 폴은 공책의 디자인 사무실과 카페와 스토어를 겸하는 곳으로, 단독주택을 개조한 건물이다. 이 회사에서 추구하는 브랜드 이미지를 그대로 담아낸 정겨운 장소이기도 하다.

널찍하지만 왠지 모를 아늑함이 있는 이곳은 공책이라는 말에서도 느껴지는 것처럼 소박하면서도 감성이 묻어나는 곳이랄까. 1층은 카페와 스토어로 운영되고, 2층이 바로 공책 브랜드 사무실로 쓰이는 곳이다. 1층 카페 공간은 가볍게 분할하여 사용하고 있는데, 가장 안쪽은 창가로 햇살이 가득 들어오고 스칸디나비아풍 가구들로 심플하게 꾸며져 있다. 입구 바로 오른쪽으로도 통유리를 통해 햇살이 비치는

카페 테이블이 놓여 있다. 입구 맞은편에는 카페 주방과 2층 사무실로 올라가는 계단이 보인다. 그리고 오른쪽에는 공책에서 만들어내는 여러 가지 문구 제품들이 전시되어 있다. 구경하다가 원하는 제품이 있다면 바로 구입할 수 있다.

이곳에서 판매하는 공책들은 그야말로 어릴 적 향수를 불러일으키는 제품이 대부분이다. 낡은 듯 빛바랜 느낌의 노트, 사진을 끼워 추억을 담는 작은 앨범, 손글씨로 쓰는 작고 예쁜 편지지 등 아날로그 감성이 가득한 제품들은 나를 비롯한 많은 사람들에게 공감을 이끌어낸다. 물론 감성적으로만 자극하는 것이 아니라 실용적인 가치도 충분하다.

스프링 컴 레인 폴에서는 시간 가는 것을 잘 느끼지 못할 때가 많다. 책장에 꽂힌 책을 여유롭게 읽어도 좋고, 전시된 문구류를 꼼꼼히 구경하려면 시간이 꽤 필요하다.

 스프링 컴 레인 폴
주소 서울시 마포구 서교동 382-13
전화 02-3210-1555
영업시간 12:00~22:00
휴일 일요일, 명절
교통 2호선 합정역 9번 출구에서 도보 8~10분 정도
홈페이지 www.o-check.net

나는 주로 레시피를 적거나 여행에서 메모하는 용도로 이곳의 노트를 자주 구입하는데, 스마트폰이나 컴퓨터로 기록하는 것과는 또 다른 느낌이다. 많은 것들이 디지털화된 시대이지만 손글씨로 기록을 남기는 일은 디지털과는 다른 감성을 자극하고 일깨운다. 그렇게 손글씨로 남긴 기억은 시간이 지나면서 깊이가 더해지는 듯하다.

스프링 컴 레인 폴에서는 드링크 메뉴 외에도 브런치나 간단한 식사를 주문할 수 있다. 나오는 메뉴들 역시 소박하고 심플하다. 비 오는 날 투닥투닥 빗방울 떨어지는 소리와 함께 따뜻한 차와 스콘을 맛보며 아날로그적 감성을 일깨워보는 것은 어떨까.

작은 공책 1800원
사이즈나 두께별로 가격대가 다양한 공책들. 프랑스 여행을 준비하면서 메모할 것들을 적기 위해 구입한 것이다. 공책을 사면 미니 연필을 덤으로 준다.

spring bird 카드 3000원
간단하게 메시지를 적어서 선물해도 좋은 카드 겸 소품. 어릴 적 종이공작을 할 때 많이 보았던 형태의 새 모양 카드를 사진에서처럼 둥글게 만들어 천정이나 현관문 앞에 달아두면 살랑살랑 바람에 날려 예쁘고 운치 있다.

선인장 모양 양초 3000원
선인장이나 다른 화분들을 자꾸 죽이는 나 같은 사람에게 필요한 양초. 모양이 선인장과 똑같아서 화분처럼 보이기도 하고 양초로도 사용할 수 있어 인테리어 효과가 있다.

라임에이드 7000원
라임의 독특한 맛을 느낄 수 있는 라임에이드. 여름철에 시원하게 즐기기 좋다.

MMMG

향수를 불러 일으키는 디자인 문구류와 소품 숍
밀리미터밀리그람

초등학생 시절에는 들장미소녀 캔디가 인쇄된 자석 필통에 뾰쪽하게 깎아 놓은 가지런한 연필들과 향기나는 고무 지우개가 자랑이던 적이 있었다(지금 생각해 보면 별게 다 자랑거리다). 중고등학교 시절엔 모닝글로리, 산리오 샵(키티), 바른손 등 문구숍들을 문지방이 닳도록 들락거리며 용돈을 쏟아부었던 기억이 난다. 남들이 보면 한낱 소모품이지만, 나름대로 '디자인'이라는 가치에 눈을 뜨면서 새로운 디자인의 문구가 나오면 내 책상으로 데려와야만 했다. 대학 졸업 후 한동안 뜸하다가 다시 문구, 소품에 대한 애정에 불붙는 사건이 있었으니, 바로 수백 가지 디자인 문구를 만들어내는 밀리미터밀리그람(MMMG)의 오픈이다. 학창시절 문구류에 집착(?)했던 전력이 있어서인지 독특한 디자인을 입힌 문구들을 보고 그냥 지나칠 수 없었던 것. 톡톡 튀는 디자인 감각과 감성을 만족시키는 MMMG의 문구들 때문에 내 지갑은 이내 열리고 말았다. 아주 활짝.

대학에서 금속공예를 전공한 배수열 씨는 1999년, 오직 쓰임새 있는 물건을 디자인하겠다는 생각으로 후배들과 함께 디자인 소품을 만들고 판매하는 곳 MMMG를 시작했다. 고객들은 1mm, 1mg의 차이도 알아보기 때문에 작은 차이와 정성을 중요하게 여긴다는 의미로 브랜드 이름을 밀리미터밀리그람(millimeter milligram)으로 지었다고 한다. 이후 2007년에 100년 역사를 지닌 적산가옥에 둥지를 틀면서 매

밀리미터밀리그람
주소 서울 종로구 안국동 153
전화 02-3210-1604
영업시간 10:00~22:00, 일요일 11:00~21:00
휴일 명절 당일
교통 지하철 2호선 안국역
　　　1번 출구 쪽
홈페이지 www.mmmg.net

장과 카페, 사무실을 겸한 MMMG를 오픈했다.

온라인 쇼핑몰의 안테나숍이라는 한계를 넘어 카페로서의 역할에도 충실하다. 100년 넘은 오래된 건물을 개조했기 때문에 외관은 세월의 흔적이 느껴지지만 내부는 현대적이고 심플하다. 빈티지 느낌과 일본풍이 적절하게 믹스된 스타일로 일본의 아늑한 카페에 온 듯한 분위기다.

1층에는 문구 소품들이 가지런히 진열되어 판매를 기다리고 있고, 원두커피를 비롯해 다양한 음료나 케이크, 크로크무슈 같은 프렌치 샌드위치를 주문할 수 있다. 좀 더 저렴하게 즐기고 싶다면 공휴일을 제외한 오전 11시부터 오후 2시까지 1000원이 할인되는 '해피아워'를 공략해도 좋다. 2층은 빈티지 조명이 주는 따뜻함과 편안함을 갖고 있고 노출 콘크리트 벽면이 브랜드 느낌과 조화를 이룬다. 일본 가리모쿠 60의 레트로 테이블과 의자가 가족처럼 어우러져 있다. 하우스 소품들과 가구로 1960~1970년대 과거를 재현했다고 한다. 카페에 진열된 시계, 전등 등의 인테리어 소품과 가구를 비롯해 식기까지 모두 시선을 사로잡는다.

인사동뿐 아니라 이태원, 명동, 가로수길에도 숍이 있으니 아기자기하고 손때 묻은 듯 정겨운 느낌의 카페를 찾고 있다면 MMMG를 찾아가보자. 차 한 잔 마시고 구경하는 재미도 쏠쏠하다.

카페라떼 5000원
MMMG의 커피는 아라비카종의 스페셜 커피를 블랜딩하여 최상의 원두상태로 만드는 신선한 커피다. 크레마가 풍부하고 고소한 향과 바디감이 깊은 맛을 낸다. 귀여운 일러스트가 그려진 유리잔에 서브된다.

크로크무슈 7000원
파리지엔느가 되고 싶다면 브런치로 적당한 프렌치 스타일의 샌드위치를 주문해보자. 보드라운 빵에 고소하고 따뜻하게 녹아 있는 치즈를 맛볼 수 있다.

유리컵 1만 5000~1만 9500원
그래픽이 실크 전사되어 구워진 컵이다. 감각적인 일러스트가 있어 매일 기분 좋게 사용할 수 있다.

Bangsan Market

홈베이킹에 필요한 도구와 재료를 구입할 수 있는 곳
방산시장 베이커리 골목

없는 것 없이 모든 물품들을 판매하고 있는 방산시장. 이곳은 젊은 사람들에게는 베이커리 관련 도구와 재료를 판매하는 골목이 있는 시장으로 잘 알려져 있다. 지하철 을지로4가역 6번 출구나 종로5가역 7번 출구로 나와 조금만 걸어가면 방산시장이 나온다. 이곳에서 제과제빵에 관련된 도구나 재료, 각종 용품을 판매하는 상점이 밀집해 있는 베이커리 골목을 만날 수 있다.

내가 처음 베이킹을 시작했을 때는 지금처럼 홈베이킹이 활성화된 시기가 아니었기 때문에 나 역시 그런 시장 골목이 있다는 것도 알지 못했었다. 그러다가 일반 온라인 쇼핑몰에서 구입하는 것보다 조금 더 저렴하게 필요한 제품들을 구입할 수 있다는 이야기를 듣고는 버스를 타고 서울로 상경해서 방산시장을 처음 들렀을 때의 기억이 아직도 새록새록 떠오른다.

세월이 지나고 점차 홈베이킹 시장이 확대되면서 홈베이킹 관련 서적과 도구, 재료들의 수요가 늘어감에 따라 방산시장 베이커리 골목도 베이커리 전문 도매상에서 홈베이킹 소비자들을 위한 작은 규모의 베이커리 골목으로 조금씩 바뀌었다.

몇 년 전에는 찾아볼 수 없었던 홈베이킹용 베이킹 틀이나 일본에서 수입하는 베이킹 용품 등과 다양해진 포장재료 등, 예전보다 선택의 폭이 훨씬 넓어져서 여느 외국 베이거리 마트나 시장이 부럽지 않을 정도다.

방산시장 베이커리 골목은 좁다란 골목 사이에 여러 매장들이 다닥다닥 붙어 있다. 포장용품, 베이킹 식재료, 베이킹 도구나 오븐 등등 상점마다 물건이 너무 많아서 쇼핑 계획을 철저하게 세우고 가지 않으면 뭘 사야 할지 큰 고민에 빠지기도 한다.

요즘에는 온라인 베이킹 쇼핑몰이 많아져서 대부분 집에서 배달 주문할 때가 많지만 일단 발품을 팔아 방산시장까지 찾아오면 조금 더 저렴한 가격으로 제품을 살 수 있고 온라인 쇼핑몰에서는 팔지 않는 제과제빵용 리큐르 제품 등을 쉽게 만날 수 있다. 특히 방산시장이 인쇄업체들이 많다는 특성 때문인지 베이킹 포장이나 선물용 박스를 판매하는 상점이 곳곳에 많이 보인다. 이런 곳에서는 1장씩 낱개로 사는 것보다는 50장씩 대량 묶음으로 구입하는 것이 가격 면에서 훨씬 경제적이다. 덕분에 나도 방산시장에 들를 때면 친구와 박스를 함께 구입해서 나눈다거나 포장 비닐을

사랑스러운 소품과 함께

 방산시장 베이커리 골목
영업시간 대부분의 매장이 평일 오후 7시까지 영업,
토요일에는 오후 1~3시까지
휴일 일요일
교통 2, 5호선 을지로4가역 6번 출구 또는
종로5가역 7번 출구
홈페이지 www.bangsanmarket.net

500~1000장 단위로 조금 더 저렴하게 구입하곤 한다. 또한 식재료의 경우 직접 눈으로 보고 고르는 게 유통기한 확인이 가능하고 더욱 안전하다. 물론 이것저것 구입하다 보면 양손이 무거워져서 집으로 돌아가는 길이 막막하기도 하지만 저렴한 가격으로 신선한 제품들을 구입할 수 있어서 가끔 찾을 만하다.

방산시장은 되도록 늦은 오후보다는 오전에 찾아 물건을 구입하는 편이 좋다. 또한 밸런타인데이나 크리스마스 같은 홈베이킹 특수를 누리는 시즌에는 수많은 홈베이커들로 좁은 시장 골목이 발 디딜 틈이 없으므로 시즌을 앞두고는 좀 더 부지런하게 미리미리 쇼핑을 해두는 것이 좋다. 직접 발품을 팔아 구입한 도구와 재료로 정성이 가득 담긴 케이크나 쿠키를 만들어 주변 사람들에게 선물해보는 건 어떨까?

쿠키커터 1000~3000원
골목마다 쿠키커터를 파는 매장들이 많다. 매장별로 가격이 크게 차이 나지 않으므로 원하는 모양이 있을 때 구입하는 것이 좋다.

로제트팬 4500~6000원(사이즈별로)
꽃모양으로 만들어진 케이크틀. 파운드케이크나 초콜릿 케이크를 일반 원형틀에 굽는 것보다 모양이 더 예쁘다. 선물용 케이크를 구울 때 아주 좋다.

일본 푸딩병 1500~2000원
예전에는 방산시장에서 찾기 어려운 아이템이었지만 일본 제품들이 많이 수입되고 나서는 많이 흔해졌다. 깜찍한 푸딩병 하나만 있어도 집에서도 부드럽고 탱글탱글한 푸딩을 손쉽게 만들 수 있다.

여러 가지 리큐르 1만~2만 원
케이크를 만들 때 종종 사용하는 여러 가지 과일향의 리큐르들. 리큐르는 술이기 때문에 온라인 쇼핑몰에서는 구입하기 어렵다. 반죽의 잡냄새를 없애고 케이크의 과일 풍미를 돋우는 역할을 한다.

달콤한 설탕 반죽으로 소지품을
담을 수 있는 박스를 만들어 보세요.

5층 아파트 스타일의 **슈가박스** 만들기

재료 (지름 8cm 기준)
슈가페이스트(시판), 색소 약간, 쿠키틀

만들기

1 슈가페이스트(시판)에 색소를 약간만 넣어 색을 입힙니다.
2 동그랗게 원형으로 뭉친 다음 밀대로 얇게 밀어줍니다(두께 3~4mm).
3 얇게 민 반죽을 쿠키틀로 찍습니다(지름 8~9cm).
4 남은 반죽을 다시 길게 밀어준 다음 21~22cm(길이)*4cm(폭)로 자릅니다.
5 각각 받침과 뚜껑으로 쓸 원형틀 2개와 옆면으로 쓸 직사각형 조각을 준비합니다(반죽이 마를 수 있으니 모든 작업은 신속하게 진행합니다).
6 원형 반죽 중 하나에 물을 동그랗게 묻힙니다.
7 그 위에 직사각형 반죽을 동그랗게 말아서 붙여줍니다.
8 진하게 색을 낸 반죽을 2~3mm로 얇게 민 다음 커터로 원하는 모양을 내줍니다.
9 장식을 뚜껑이 될 원형에 물로 붙입니다. 건조한 곳에서 충분히 말리면 완성.

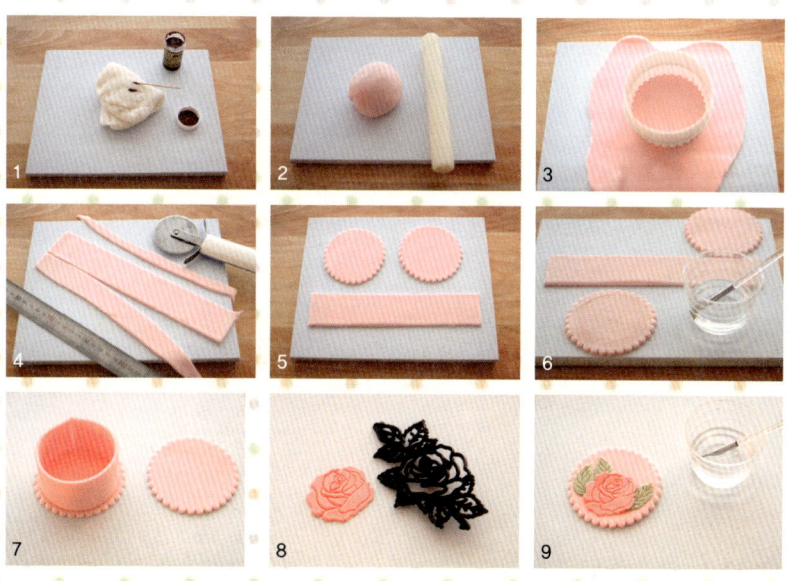

Recipe

예쁜 원단만 있으면 주방에서 자주 사용하는 키친클로스를
집에서 간단하게 만들 수 있어요. 덮개로 사용하거나 차를
마실 때 티매트로 사용해도 좋습니다.

호시노 앤 쿠키스의 **키친클로스** 만들기

재료
40*40cm 정도 크기의 원단, 재봉틀 또는 바늘과 실

만들기
1 원단을 원하는 크기만큼 잘라주세요. 정사각도 괜찮고 직사각으로 만들어도 괜찮습니다.
2 원단의 끝부분을 0.5cm 정도씩 접은 뒤 다시 한 번 접어 넣어 원단 끝부분의 올이 풀리지 않도록 합니다.
3 재봉틀로 접어 넣은 원단 끝부분을 일정하게 직선 박음질합니다. 홈질로 촘촘하게 손바느질해도 됩니다.
4 2번 접어 넣어 재봉해주면 세탁하더라도 올이 풀리지 않아 좋아요. 사방을 똑같이 박음질해주면 완성.
5 여러 가지 원단을 사용해서 다양한 색상으로 만들어 보세요.

Tip
원단을 재봉하기 위해 접은 곳을 다리미로 다려주면 천이 고정되어 재봉질하기 훨씬 편해요.

홈베이킹 달인 슬픈하품과 밍킹의 달콤한 카페 탐험

서울 스위트 여행

초판 1쇄 | 2011년 11월 17일
초판 2쇄 | 2012년 1월 10일

지은이 | 이지혜, 민경랑

발행인 겸 편집인 | 유철상
책임편집 | 임지선
교정·교열 | 임지선
디자인 | 주인지

펴낸 곳 | 상상출판
주소 | 서울시 동대문구 용두동 790번지 롯데캐슬 피렌체 상가 3층 306호
구입·내용 문의 | **전화** 070-8886-9892~3 **팩스** 02-963-9892
이메일 | cs@esangsang.co.kr
등록 | 2009년 9월 22일(제305-2010-02호)
찍은곳 | 다라니

※ 가격은 뒤표지에 있습니다.

ISBN 978-89-94799-16-2(13980)

© 2011 이지혜, 민경랑

※ 이 책은 상상출판이 저작권자와 계약에 따라 발행한 것이므로
   본사의 서면 허락 없이는 어떠한 형태나 수단으로 이용하지 못합니다.
※ 잘못된 책은 바꿔드립니다.

www.esangsang.co.kr

〈마망가또〉
커피 음료 10% 할인쿠폰
※ 가로수길점, 홍대점 사용 가능
가로수길점 서울시 강남구 신사동 524-27번지
홍대점 서울시 마포구 서교동 395-113 1층